HERMANN LOTZE

Logik
Drittes Buch. Vom Erkennen
(Methodologie)

Mit einer Einleitung
»Objektivität: Logik und Erkenntnistheorie
bei Lotze und Frege«
mit dem Text der Ausgabe
von Georg Misch
neu herausgegeben von

GOTTFRIED GABRIEL

FELIX MEINER VERLAG
HAMBURG

PHILOSOPHISCHE BIBLIOTHEK BAND 408

Im Digitaldruck »on demand« hergestelltes, inhaltlich mit der ursprünglichen Ausgabe identisches Exemplar. Wir bitten um Verständnis für unvermeidliche Abweichungen in der Ausstattung, die der Einzelfertigung geschuldet sind.

Bibliographische Information der Deutschen Nationalbibliothek

Die Deutsche Nationalbibliothek verzeichnet diese Publikation in der Deutschen Nationalbibliographie; detaillierte bibliographische Daten sind im Internet abrufbar über ‹http://portal.dnb.de›.

ISBN 978-3-7873-4089-7

ISBN eBook 978-3-7873-3256-4

www.meiner.de

 Gesamtherstellung: BoD, Norderstedt. Gedruckt auf alterungsbeständigem Werkdruckpapier. Printed in Germany.

INHALT

Hermann Lotze

Logik

EDITORISCHES VORWORT

Lotzes *Logik* erschien zum ersten Mal 1843. Der Teil *Vom Erkennen* ist als drittes Buch in der wesentlich erweiterten Neufassung von 1874 hinzugekommen. Diese Neufassung erschien 1880 in zweiter Auflage, um einen längeren Einschub »Anmerkung über logischen Calcül« im zweiten Buch ergänzt. Als Besonderheit des Textes von 1880 gegenüber demjenigen von 1874 sei vermerkt, daß trennende Kommata anscheinend in Aufzählungen weitgehend fortgefallen sind. Vgl. als Beispiel im vorliegenden Text (Originalseiten) S. 560, Zeile 4 und 9 von unten. Eine Neuausgabe des Textes von 1880 besorgte G. Misch als Bd. 141 der »Philosophischen Bibliothek«, Leipzig 1912, 2. Auflage 1928. Ausgewählte Kapitel (insbesondere des dritten Buches) erschienen ferner gesondert in den »Taschenausgaben der Philosophischen Bibliothek«. Im einzelnen siehe dazu die von Rainer A. Bast angefertigte Bibliographie der Philosophischen Bibliothek: *Die »Philosophische Bibliothek«. Geschichte und Bibliographie einer philosophischen Textreihe seit 1868,* Hamburg 1989. Zur Textgeschichte vgl. ansonsten das Editorische Vorwort zur Neuausgabe des ersten Buches der *Logik: Vom Denken.* Hamburg 1989 (PhB 421).

Der vorliegende Text ist ein photomechanischer Nachdruck des dritten Buches der Ausgabe von 1928. Die Seitenzählung, die mit derjenigen der Ausgabe von 1880 nahezu identisch ist, wurde im Kolumnentitel außenstehend mitgeführt, um den Text auch beim Studium älterer Literatur heranziehen zu können (die auf unsere Ausgabe bezogene Seitenzählung vom Textteil findet sich im Kolumnentitel innenstehend). Im übrigen empfiehlt es sich aber, auf Paragraphen zu verweisen, weil deren Zählung in allen Ausgaben später als die frühe Fassung von 1843 unverändert geblieben ist. Entsprechend wird in der vorliegenden Ausgabe (in Einleitung und Register) verfahren. Lotze selbst verwendet für Querverweise im Text Seiten- und Paragraphenangaben. Ziffern ohne den Zusatz »S.« beziehen sich dabei auf Paragraphen. Wo Angaben nur unbestimmt gehalten sind, werden sie in den Anmerkungen des Herausgebers näher bestimmt. Die Existenz solcher Anmerkungen wird durch Sternchen am Textrand angezeigt.

Konstanz, im Januar 1989 Gottfried Gabriel

EINLEITUNG DES HERAUSGEBERS

Objektivität: Logik und Erkenntnistheorie bei Lotze und Frege[1]

1. Zur Wirkungsgeschichte von Lotzes »Logik«

Rudolf Hermann Lotze (1817–1881) war in seiner Zeit der wohl angesehenste lebende deutsche Philosoph, und dies auch im europäischen und außereuropäischen Ausland[2]. Seine historische Bedeutung für die nachhegelsche Philosophie bestimmt sich dadurch, daß er als ausgebildeter Naturwissenschaftler – er habilitierte sich in Medizin und Philosophie – dennoch materialistischen und naturalistischen Verallgemeinerungstendenzen entgegentrat. In seiner *Logik* hat sich dies darin niedergeschlagen, daß er einer Reduzierung des Denkens auf »Vorstellungsverläufe« heftig widersprach. Dabei ist er mit seiner Trennung von Erklärungsansprüchen (der Psychologie) und Geltungsansprüchen (der Logik) zu einem der Väter der Psychologismuskritik geworden. Lotzes internationaler Einfluß erstreckte sich insbesondere auf den englischen Neuhegelianismus (F. H. Bradley, B. Bosanquet), aus dessen Kreis auch die englische Übersetzung der *Logik* und der *Metaphysik* als Gemeinschaftsarbeit hervorgegangen ist, sowie auf den amerikanischen Pragmatismus (W. James, J. Dewey). Innerhalb der deutschen Philosophie dürfte Lotze der einzige Autor und Lehrer gewesen sein, auf den sich sowohl die neukantianische Tradition, insbesondere die werttheoretische südwestdeutsche

[1] Paragraphenzahlen ohne nähere Angaben beziehen sich auf Lotzes *Logik*. Freges Schriften werden als Kurztitel wiedergegeben. Deren Auflösung findet sich in den Literaturhinweisen unter [3]. Sonstige Literaturverweise erfolgen durch Angabe des Verfassers und des Erscheinungsjahres. Ziffern in eckigen Klammern geben dabei die Rubrik an, unter der die jeweiligen Titel in den Literaturhinweisen zu finden sind.

[2] Vgl. J. Passmore (1966 [4], S. 49), der Lotze treffend einen der am meisten »ausgeplünderten« (pillaged) Philosophen nennt.

Schule (W. Windelband, H. Rickert, E. Lask, B. Bauch), als auch die phänomenologische Tradition (C. Stumpf, E. Husserl) berufen. Und noch Heidegger entwickelt in seinem Übergang vom Neukantianismus Rickerts zur Phänomenologie Husserls und schließlich in seiner Kritik beider Positionen wesentliche Überlegungen in Auseinandersetzung mit Lotze. So spricht er (1912) von Lotzes *Logik* als dem »Grundbuch der modernen Logik«[3]. In seiner Dissertation (von 1913) beruft er sich zustimmend auf Lotzes Begriff der »Geltung«[4], und erst die Marburger Logikvorlesung (1925/26) enthält mit der Kritik am propositionalen Wahrheitsbegriff die Abkehr von der Gleichung »Geltung = Wahrsein«[5]. Heideggers Polemik, die schließlich in der Charakterisierung von Lotzes Terminus »Geltung« als »Wortgötze« gipfelt[6], richtet sich dabei aber eher gegen die werttheoretische Ausarbeitung der Gedanken Lotzes bei Windelband und Rickert als gegen Lotze selbst[7]. So verdient es denn Beachtung, daß Heidegger noch in späteren Jahren auf die Frage, was man lesen solle, »um Philosophie zu lernen«, hintersinnig die Lektüre von Lotzes *Logik* empfiehlt, um dem Studenten zu zeigen, daß und wie sein eigenes Denken die logische Arbeit des Begriffs durchlaufen mußte[8].

Anders als im englischen Hegelianismus, für den auch Lotzes *Metaphysik* mit ihrer holistischen These vom Sein der Dinge als einem »in Beziehung Stehen« von großer Bedeutung gewesen ist, hat innerhalb der deutschen Diskussion eher die *Logik* fortgewirkt, ganz besonders deren eigenwillige geltungslogische Deutung der Platonischen Ideenlehre (im zweiten Kapitel des vorliegenden dritten Buches). Von ihr heißt es selbst bei Hus-

[3] M. Heidegger (1978 [4], S. 23, Anm. 9).
[4] A.a.O., S. 170.
[5] M. Heidegger (1976 [2.3], S. 82).
[6] M. Heidegger (1979 [4], S. 155f.).
[7] Besonders aufschlußreich für Heideggers allmähliche Abwendung vom werttheoretischen Neukantianismus sind die Freiburger Vorlesungen aus dem Jahre 1919 (Heidegger 1987 [4]). Zu Lotze vgl. dort u.a.S. 136–139.
[8] G. Picht (1977 [4], S. 201).

serl, der sich ansonsten durch Zugeständnisse dieser Art nicht gerade ausgezeichnet hat:
»Die voll bewusste und radikale Umwandlung [= ›Ablösung vom Psychologismus‹] und den mit ihr gegebenen ›Platonismus‹ verdanke ich dem Studium der Logik Lotzes.«[9]

Lotzes *Logik* gliedert sich seit der wesentlich erweiterten Fassung von 1874, wie es im Untertitel heißt, in *Drei Bücher vom Denken, vom Untersuchen und vom Erkennen*. Das erste Buch wird näher als *reine Logik*, das zweite Buch als *angewandte Logik* und das dritte Buch als *Methodologie* gekennzeichnet. Letztere Angabe ist insofern etwas irreführend (vgl. Lotzes eigene Beurteilung § 301), als sie die Methodenlehre im Sinne der traditionellen kantischen Einteilung der Logik in Elementarlehre und Methodenlehre erwarten läßt, zumal die *reine Logik* der üblichen Gliederung der Elementarlehre in Begriffslehre, Urteilslehre und Schlußlehre folgt. Tatsächlich entspricht aber eher Lotzes *angewandte Logik* der Methodenlehre, während seine *Methodologie* die Erkenntnistheorie darstellt. Im Verhältnis dazu ließe sich, aus heutiger Sicht, das erste Buch als formale Logik und das zweite Buch als Wissenschaftstheorie kennzeichnen. Die Berücksichtigung der Wissenschafts- und Erkenntnistheorie im Rahmen der Logik entspricht durchaus dem im 19. Jahrhundert gängigen, im Gefolge der Wissenschaftsentwicklung erweiterten Verständnis, das schließlich sogar zu einem Übergewicht der wissenschaftstheoretischen Teile führt. Man vergleiche z. B. rein quantitativ das Verhältnis von Elementarlehre und Methodenlehre in Kants *Logik* mit dem der entsprechenden Teile in den Logiken von Mill, Sigwart und Wundt.

[9] E. Husserl (1939 [4] S. 128f.). Obwohl Husserl eine »Kritische Abgrenzung gegen Lotze« (a. a. O., S. 323–326) beifügt, gesteht er hier seine Abhängigkeit von Lotze doch offener ein als in den *Logischen Untersuchungen* (Husserl 1900 [4], § 59). Als Wegbereiter nennt Husserl ferner Leibniz, Herbart und Bolzano. Der Einfluß der ersten beiden ist bei Lotze unmittelbar gegenwärtig, obwohl die Auseinandersetzung mit Herbart vorwiegend kritisch ausfällt. Eine Kenntnis der Arbeiten Bolzanos ist nicht belegt. Es verdient aber Beachtung, daß der Bolzano-Schüler F. Přihonský in Lotzes Geburtsstadt Bautzen gewirkt hat. Darauf hat E. Morscher (1972 [4], S. 72f.) hingewiesen.

Bei Lotze hat die Erweiterung seiner *Logik* noch einen besonderen Grund. Die Neufassung erschien als erster Teil eines *Systems der Philosophie*. Der zweite Teil umfaßte eine Neubearbeitung der zunächst (1841) ebenfalls gesondert erschienenen *Metaphysik,* nunmehr gegliedert in *Drei Bücher der Ontologie, Kosmologie und Psychologie* (1879). Der dritte (nicht mehr erschienene) Teil sollte die praktische Philosophie, Ästhetik und Religionsphilosophie enthalten[10]. Im Rahmen einer solchen Gesamtkonzeption war für die Wissenschafts- und Erkenntnistheorie sozusagen aus *System*gründen der erste Band der natürliche Ort. Daß die ins Grundsätzlichere gehende Erkenntnistheorie nach der Wissenschaftstheorie zu stehen kommt, entspricht ihrer Aufgabe, zur Metaphysik überzuleiten.

Die Themen dieser Erkenntnistheorie, vor allem »Geltung« und »Apriorismus« bestimmten die logische und erkenntnistheoretische Debatte vor und nach der Jahrhundertwende. So wird es verständlich, daß vor allem das dritte Buch von Lotzes *Logik* im Mittelpunkt des Interesses stand, sowohl im Neukantianismus als auch in der phänomenologischen Tradition. Dies gilt auch für die in den letzten Jahren neu begonnene Lektüre, die angeregt wurde durch die Frage nach Lotzes Einfluß auf Gottlob Frege, den Begründer der modernen Logik und Vater der Analytischen Philosophie[11]. Setzt man diesen Einfluß in Rechnung, so ist Lotzes »Methodologie« Ausgangstext aller bedeutenden philosophischen Strömungen des 20. Jahrhunderts gewesen. In der Einleitung zum ersten Buch wurde untersucht, wie weit Lotzesche Ideen die Entstehung der modernen *formalen* Logik in ihrer Fregeschen Gestalt mitbestimmt haben. Im folgenden wird eine entsprechende Untersuchung für die *nicht-formale* Logik und Erkenntnistheorie vorgenommen.

[10] Vgl. R. Falckenberg (1901 [2.1], S. 169). Aufschluß über den Inhalt geben die nach Lotzes Tod veröffentlichten Vorlesungsdiktate *Grundzüge der praktischen Philosophie* (1882), *Grundzüge der Aesthetik* (1884) und *Grundzüge der Religionsphilosophie* (1882).

[11] Zur Kontroverse hierüber vgl. Abschnitt 7 und die Einleitung des Herausgebers zum ersten Buch, Abschnitt 2.

2. Genese und Geltung. Von der Erkenntnispsychologie zur Erkenntnistheorie

Zu den erkenntnistheoretischen Bestrebungen seiner Zeit bemerkt Lotze vom Standpunkt des Metaphysikers, »das beständige Wetzen der Messer aber ist langweilig, wenn man Nichts zu schneiden vorhat« (*Metaphysik* (1879), § IX). Aus dem Zusammenhang geht jedoch hervor, daß sich diese ironische Wendung weniger gegen eine Erkenntnistheorie als vielmehr gegen eine Erkenntnispsychologie richtet. Sie sollte nicht darüber hinwegtäuschen, daß Lotze selbst wesentlich an der Fundierung einer sowohl von Psychologie als auch Logik im engeren Sinne unterschiedenen Erkenntnistheorie beteiligt gewesen ist. Zu diesen Leistungen ist auch sein Beitrag zum beweistheoretischen Verständnis der Modalitäten zu rechnen. Lotze geht dabei entschiedener als Frege den Weg einer objektivistischen Deutung (vgl. Abschnitt 5 der Einleitung des Herausgebers zu *Vom Denken*). Dies dürfte darauf zurückzuführen sein, daß er ein umfassenderes Verständnis der Logik hat, das Logik und Erkenntnistheorie noch nicht trennt. In seinem Bemühen, das Logische vom Psychologischen abzugrenzen, geht Frege dagegen häufig unnötig zu weit, indem er Dinge, die außerhalb des Bereichs der Logik im engeren Sinne liegen, unterschiedslos behandelt. Er nimmt Ausgrenzungen vor, ohne innerhalb des Ausgegrenzten noch einmal genauer zu unterscheiden[12]. So fehlt in der *Begriffsschrift* für den außerlogischen Bereich eine Unterscheidung von Erkenntnistheorie und Erkenntnispsychologie, und dies bedingt Freges Schwanken zwischen einer objektivistisch-erkenntnistheoretischen und einer subjektivistisch-erkenntnispsychologischen Formulierung der Modalitäten. Die in der *Begriffsschrift* (S. III) angesprochene Unterscheidung von Erkenntnisbegründung und Erkenntniserklärung führt dann in den *Grundlagen der Arithmetik* zu einer schärferen Abgrenzung von Erkenntnistheorie und Erkenntnispsychologie, indem Frege der allgemeinen, nicht auf die Logik im engeren Sinne beschränkten Gegenüberstellung von Geltung und Genese folgt, wie sie durch Leibniz, Kant und Lotze vorgegeben

[12] Vgl. Gabriel (1976 [2.4]).

ist. Als Ergebnis findet sich für die erkenntnistheoretischen Begriffe »apriori«, »aposteriori«, »synthetisch« und »analytisch« die objektivistische beweistheoretische Deutung (*Grundlagen der Arithmetik*, §§ 1–3) entschiedener durchgeführt als dies zuvor in der *Begriffsschrift* für die logischen Modalitäten geschehen ist. Die Behandlung von Freges Beweistheorie, insbesondere unter dem Gesichtspunkt einer Verhältnisbestimmung von Erkenntnistheorie und Modallogik anhand z. B. der Begriffe »apriori« und »notwendig«, würde über den Rahmen dieser Einleitung hinausführen und muß deshalb einer gesonderten Darstellung vorbehalten bleiben. Mit Blick auf Lotze kann so viel gesagt werden, daß Frege mit diesem die axiomatisch-deduktive Auffassung teilt, nach der das fortgesetzte Aufstellen von deduktiven Beweisen für beweisbedürftige Sätze schließlich auf »eine Anzahl allgemeiner Sätze« führen müsse, »deren Gültigkeit für uns unmittelbar feststeht, die daher eines Beweises weder bedürftig noch fähig sind« (§ 200)[13]. Dabei bedient sich Frege derselben Ausdrucksweise, wenn er »Wahrheit apriori« dadurch bestimmt, daß ihr Beweis ganz aus »allgemeinen Gesetzen« geführt werden könne, »die selber eines Beweises weder fähig noch bedürftig sind« (*Grundlagen der Arithmetik*, § 3). Er folgt Lotze (vgl. § 357, Schluß) auch darin, daß er diesen Begriff der apriorischen Wahrheit beweistheoretisch gegen den der induktiv gewonnenen Wahrheit absetzt und das (transzendentale) Argument (§ 330, Schluß) gegen die Möglichkeit der Induktion ohne Voraussetzung allgemeiner Gesetze übernimmt (*Grundlagen der Arithmetik*, § 3, zweite Anm.)[14].

3. Identität. Von der Erkenntnistheorie zur Semantik

Der Satz der Identität »a = a« spielt in Lotzes Auffassung der Logik insgesamt eine noch größere Rolle als bei Frege. Weil bei

[13] Der Text des § 200 ist in den Anmerkungen des Herausgebers (Anm. zu S. 541) abgedruckt.

[14] Dieses Argument haben auch O. Liebmann und W. Windelband von Lotze übernommen. Vgl. dazu Gabriel (1986 [4], S. 86f., 92).

Lotze die Unterscheidung von Gegenständen und Begriffen noch nicht wie bei Frege ausgebildet ist, umfaßt er beide Fälle gleichermaßen. Was die Identität von Gegenständen anbelangt, so belegt die Problementwicklung bei Frege eindeutig einen Lotzeschen Ursprung. Lotzes Ausgangspunkt ist dabei sozusagen Freges Endpunkt, nämlich das Problem, wie Identitätsaussagen in der Arithmetik ein Erkenntniswert gesichert werden könne. Lotzes Ergebnis ist, daß solche Aussagen »inhaltlich identisch«, aber »formal synthetisch« in dem Sinne sind, daß z. B. die Ausdrücke »$7 + 5$« und »$4^2 - 2^2$« als Inhalt denselben Zahlenwert bezeichnen, formal aber, d. h. durch ihre sprachliche Form, »*verschiedene* Wege« angeben, »auf denen man zu einem und demselben Werthe gelangen kann« (§ 353). Unschwer erkennt man hier Freges Lösung, daß zwei Ausdrücke, die dieselbe Bedeutung haben, gleichwohl verschiedenen Sinn haben können, indem sie unterschiedliche »Gegebenheitsweisen« derselben Bedeutung charakterisieren. Der Lotzesche Ursprung von Freges Unterscheidung von *Sinn und Bedeutung* wird noch deutlicher, wenn man die Schriften heranzieht, die vor *Sinn und Bedeutung* verfaßt worden sind. Erstmals führt Frege seine Unterscheidung in *Function und Begriff* ein. Und hier wird das Problem der Identität des Verschiedenen auch noch terminologisch mit Hilfe der von Lotze (§ 352f.) verwendeten traditionellen Unterscheidung von Form und Inhalt formuliert und genau wie bei diesem dadurch gelöst, daß bei einer Identität des Inhalts eine Verschiedenheit der Form vorliegt (*Function und Begriff*, S. 2f.). Diese Verschiedenheit ist zunächst eine solche der Ausdrücke, aber nicht nur; denn: »Die verschiedenen Ausdrücke entsprechen verschiedenen Auffassungen und Seiten [...] derselben Sache« (a. a. O., S. 5).

Mit dieser Formulierung stellt Frege seine Unterscheidung in die von Lotze fortgesetzte Leibniztradition des erkenntnistheoretischen Perspektivismus, der Möglichkeit verschiedener Perspektiven auf dieselbe Sache. Wir hatten schon gesehen, daß Lotze zur Verdeutlichung dieses Zusammenhanges die Metapher des Weges verwendet. An zentraler Stelle heißt es, »daß verschiedene Wege zu demselben Ziele führten« (§ 352). Dieselbe Metapher findet sich bei Frege, ebenfalls auf arithmeti-

sche Identitätsaussagen bezogen, in einer früheren nachgelassenen Schrift:
»Verschiedene Zeichen für dieselbe Sache sind unvermeidlich, weil man auf verschiedenen Wegen auf sie hingeführt werden kann und es dann erst festgestellt werden muss, dass man wirklich dasselbe erreicht hat.« (*Nachgelassene Schriften,* S. 95).

Und in einer erläuternden Anmerkung dazu heißt es nochmals:
»Es gibt nicht eine 4, die aus 2^2 und eine andere, die aus $(-2)^2$ entstanden wäre, sondern ›4‹, ›2^2‹, ›$(-2)^2$‹ sind nur verschiedene Zeichen für dasselbe, deren Verschiedenheit nur die verschiedenen Wege andeutet, auf denen man diese selbe Sache erreichen kann.« (ebd.)

Der Vergleich mit Lotze erhärtet hier die These vom erkenntnistheoretischen Ursprung der Unterscheidung von Sinn und Bedeutung[15]. Er verdeutlicht aber auch, daß Freges Terminologie angemessener ist als meistens angenommen. »Sinn« meint eben den Weg, die Richtung der Erkenntnis einer Sache (vgl. »im Urzeigersinn«). Die übliche spachphilosophische Auffassung, daß der Sinn eines Ausdrucks darin besteht, seine Bedeutung zu bestimmen, ist damit nichts anderes als eine semantische Reformulierung des ursprünglich erkenntnistheoretischen Gedankens, daß der Weg das Ziel, nämlich den Gegenstand der Erkenntnis erkennen läßt.

Angesichts dieses Ergebnisses bleibt zu fragen, wieso Frege sich dann überhaupt in *Sinn und Bedeutung* veranlaßt sah, seine Darstellung in der *Begriffsschrift* zu modifizieren. Die Antwort ist zunächst, daß nicht in allen Fällen die bloße Form von Ausdrücken den Sinn als den Weg zur Bedeutung anzugeben vermag. Arithmetische Ausdrücke wie »7 + 5« und »$(-2)^2$« tuen dies zwar, indem sie durch ihre Form (im Rahmen festgelegter Regeln) bestimmen, wie der entsprechende Zahlenwert als Bedeutung zu ermitteln ist. Daß dies aber nicht immer der Fall ist, deutet Frege schon in der *Begriffsschrift* an, wenn er seine Überlegungen zur Identität mit den Worten zusammenfaßt:

[15] Vgl. Sluga (1980 [2.4], S. 153f.) und Currie (1982 [4], S. 167ff.)

»Hieraus geht hervor, dass die verschiedenen Namen für denselben Inhalt nicht immer blos eine gleichgiltige Formsache sind, sondern dass sie das Wesen der Sache selbst betreffen, wenn sie mit verschiedenen Bestimmungsweisen zusammenhängen. In diesem Falle ist das Urtheil, welches die Inhaltsgleichheit zum Gegenstande hat, im kantischen Sinne ein synthetisches.« (*Begriffsschrift*, S. 15)

Der Vergleich mit dem synthetischen Urteil »im kantischen Sinne« besagt hier, daß es sich um ein Urteil mit Erkenntniswert, um ein erkenntniserweiterndes Urteil im Sinne des »*formal* synthetischen« Urteils Lotzes handelt. Mit der einschränkenden Formulierung »nicht immer« und der Bedingung »wenn sie mit verschiedenen Bestimmungsweisen zusammenhängen« gesteht Frege aber die Möglichkeit zu, daß unterschiedliche Zeichen auch »eine gleichgiltige Formsache« sein können, sofern nämlich die Verbindung zwischen Zeichen und Bezeichnetem willkürlich ist. Die Einführung der Ebene des Sinns leistet vor diesem Hintergrund Folgendes: Sie macht die Frage des Erkenntniswertes einer Identitätsaussage davon unabhängig, ob das Zeichen selbst durch seine Form die Bestimmungs- oder Gegebenheitsweise als den Weg zur Sache repräsentiert, und sie sichert damit die Objektivität des Erkenntniswertes unabhängig von der eventuell bloß willkürlichen, d.h. privaten, auf subjektiven Entscheidungen beruhenden Zeichenwahl. So verstanden stellt sich Freges Unterscheidung von Sinn und Bedeutung als eine semantische Verallgemeinerung eines erkenntnistheoretischen Grundgedankens Lotzes dar.

4. Sprache und Logik

In den Bestimmungen des Verhältnisses von Sprache und Logik stehen Lotze und Frege sich sehr nahe. Einerseits werden die logischen Unterscheidungen am Leitfaden sprachlicher (syntaktischer) Unterschiede herausgearbeitet, andererseits wird deren Unabhängigkeit vom sprachlichen Ausdruck betont. Lotzes Überlegungen dazu, in denen die erkenntnistheoretischen Konsequenzen vorbereitet werden, finden sich gleich am Anfang seiner *Logik* (§§ 1–8). Als wichtige Ergänzung hierzu ist eine entsprechende Passage aus dem *Mikrokosmus* (II, 3. Aufl. 1878, S. 238–248) vergleichend heranzuziehen. Im Mittelpunkt der Betrachtung steht der Gedanke als der für die Zwecke der Logik wesentliche Mitteilungsgehalt. Dieser bleibt im tatsächlichen Gebrauch der Sprache häufig unter- oder überbestimmt. Lotze unterscheidet hier, wie später Frege (*Gedanke*, S. 64), die beiden folgenden Fälle: Einerseits kann es der Kenntnis außersprachlicher Elemente wie z. B. der Äußerungssituation bedürfen, um den Inhalt einer Mitteilung zu einem vollständigen, d. h. wahrheitsfähigen Gedanken zu ergänzen. Diese Ergänzung bleibt dann »dem Errathen des Zuhörers überlassen« (*Mikrokosmus* II, S. 239). Andererseits kann die Sprache den Gedanken einer Aussage unter kommunikativen, rhetorischen oder ästhetischen Gesichtspunkten bereichern, ohne daß solche Elemente für dessen »logische Fassung« von Belang wären (§ 7). Der Gedanke selbst wird dabei als sprachlich vermittelte, aber nicht an Sprache gebundene propositionale Information gefaßt. Darüber hinausreichende Verständigungselemente wie »Interjektionen«, »Tonfall der Stimme« (§ 7), »Stimmungen und Wünsche« (§ 331) werden auf der Seite des »gemüthlichen Antheils« (§ 7) der Sprache verbucht. Ihnen wird nur der Wert einer »Beleuchtung« oder eines »Colorits« des eigentlichen Gedankens zugebilligt (§ 331, *Mikrokosmus* II, S. 239). Unschwer erkennt man hier Freges Charakterisierungen der »Färbung« eines Gedankens wieder (vgl. *Sinn und Bedeutung*, S. 31).

Die Bildung der logischen Kategorien des Gedankens orientiert Lotze an syntaktischen Unterscheidungen. Bestimmungen wie »Selbständigkeit, welche die substantivische Form, am kenntlichsten durch den Artikel, dem einen Inhalt gibt« und »Unselbständigkeit, welche die adjectivische [Form] ausdrückt« (§ 19, vgl. § 5) verweisen deutlich auf Freges Unterscheidung zwischen selbständigen, in sich abgeschlossenen Namen und unselbständigen Prädikaten als ergänzungsbedürftigen Begriffsausdrücken (*Grundlagen der Arithmetik*, §§ 57–61; *Function und Begriff*, S. 17). Differenzen scheinen sich dadurch zu ergeben, daß Frege diese Unterscheidung auf dem Wege über seine Metaphorik von »gesättigten« und »ungesättigten« Ausdrücken (und ihren semantischen Korrelaten) zum Strukturprinzip von Aussagen (Gedanken) selbst erhebt und damit das Problem der synthetischen Einheit, d.h. des Zusammenhalts der Bestandteile einer Aussage einer genial einfachen Lösung zuführt, während Lotze hier noch an der traditionellen Auffassung von der Einheit stiftenden Rolle der Kopula festhält. Überdies verteidigt Lotze wider die bessere Einsicht seiner Zeitgenossen (A. Trendelenburg, C. Sigwart und W. Wundt) den Primat der Begriffe gegenüber dem Urteil (§ 8) und hält an dem traditionellen Aufbau von Begriff – Urteil – Schluß der logischen Elementarlehre fest. Dies ist besonders verwunderlich angesichts seiner eigenen geltungslogischen Deutung der Platonischen Ideenlehre und der in diesem Zusammenhang geäußerten Kritik an der »Neigung, Wahrheiten, deren vollgültiger Ausdruck nur ein Satz sein kann, in die unzureichende Form eines einzelnen Begriffs zu bringen« (§ 321)[16]. Damit ist ja im Grunde der Primat des Urteils angesprochen. Hervorzuheben ist ferner, daß Lotze den wesentlichen Schritt in dieser Richtung bereits mit der Erklärung vollzogen hatte, die Logik beginne mit der Überzeugung, daß »ein Unterschied der Wahrheit und Unwahrheit stattfinde« (§ X). Frege hat gerade hieran wörtlich anschließend (*Nachgelassene Schriften*, S. 190, Nr. 12) die richtige Schlußfolgerung gezogen, von dem Begriff der Wahrheit auszugehen und die Begriffe durch »Zerfällung« der beurteilbaren (wahrheitsfähigen) Inhalte zu gewinnen (a.a.O., S. 18, vgl. S. 273). Er gesteht aber auch in unmittelbarem Anschluß zu: »Allerdings muss der Ausdruck des beurteilbaren Inhaltes, um so zerfallen zu können, schon in sich gegliedert sein« (a.a.O., S. 18f.). Damit erweist sich die Differenz als geringer als sie zunächst erschien, zumal umgekehrt bei Lotze von den »logischen Bausteinen« eine »vorgängige Formung« verlangt wird, um überhaupt »in der bestimmten Form eines *Gedankens* verbindbar zu werden« (§ 1). Im *Mikrokosmus* (II, S. 242f.) spricht er ganz im Sinne von Freges Begriffspaar »gesättigt – ungesättigt« davon, daß selbständige

[16] Die hier kritisierte Ansicht findet sich z.B. bei Lotzes Lehrer C.H. Weiße (1835 [4], S. 57f.), der von der »Geltung« von »Allgemeinbegriffen« spricht. Geltung selbst wird von Weiße bereits als »von aller subjectiven menschlichen Auffassung unabhängig« gefaßt.

und unselbständige »Gedankenatome« sich wechselseitig verlangen, um einen vollständigen Gedanken zu bilden.

5. Denken und Sein

Ein wesentlicher Unterschied zwischen beiden Autoren tritt an anderer Stelle zu Tage. Die Kategorien des Gegenstandes und der Eigenschaft sind zwar dieselben (zusätzlich führt Lotze in Analogie zum Verb die Kategorie des Ereignisses ein), aber nicht deren philosophische Verankerung. Bei Lotze handelt es sich zunächst um Denkkategorien und deren Deutung als Seinskategorien im Sinne der Behauptung eines Abbildverhältnisses zwischen den »Formen des Denkens« und den »Formen des Seienden« wird ausdrücklich in Frage gestellt (§§ VIII f., 327) und im vierten Kapitel des vorliegenden Textes ausführlich widerlegt. Eine solche Trennung von Denken und Sein, die sich gegen die Hegelsche Identitätsphilosophie richtet, ist bei Frege nicht von Anfang an klar. Wie Lotze die Ebene der Erkenntnistheorie (die bei ihm noch nicht von derjenigen der Logik im engeren Sinne unterschieden ist) derjenigen der Ontologie (verstanden als Teil der Metaphysik) gegenüberstellt, so unterscheidet Frege, modern gesprochen, zwei Ebenen innerhalb der Semantik, die Ebene des Sinns und die Ebene der Bedeutung. Was die Ersetzung der Ebene des Denkens durch die Ebene des Sinns anbelangt, so werden wir dies durchaus als einen Fortschritt anerkennen können; denn Lotze, der von Gedanken als »Producten« von Denkhandlungen spricht (§ 345), setzt sie damit noch einem psychologistischen Mißverständnis aus (vgl. dazu ausführlicher Abschnitt 7). Bei Frege sind Gedanken dagegen als wahrheitswertfähige Sinngebilde dem Bereich des Psychischen entzogen, ohne doch ihren Beitrag zum »Erkenntniswert« (*Sinn und Bedeutung*, S. 50) zu verlieren. Ordnen wir Lotzes erkenntnistheoretischen und Freges semantischen Begriff des Gedankens einander zu, so fragt sich, ob dies auch für Lotzes ontologische Ebene des Seins und Freges semantische Ebene der Bedeutung möglich ist. Zumindest für Gegenstände der physikalischen Wirklichkeit scheint diese Analogie zuzutreffen, da Frege die Bedeutungen von Eigennamen oder Kennzeichnungen physikalischer Gegenstände mit diesen Gegenständen selbst identifiziert. Dies vorausgesetzt können wir nun Lotzes Warnung, logisch-erkenntnistheoretische Kategorien nicht ohne weiteres ontologisch zu deuten, in Fregescher Ausdrucksweise dahingehend übersetzen, Kategorien der Sinnebene nicht einfach auf die Bedeutungsebene zu übertragen. Eine solche Übertragung ist bei Frege aber tendenziell vorhanden. So kritisiert der frühe Frege (in seinen *Kernsätzen*) Lotze vom Standpunkt einer eigenartigen »Identitätsthese« von Denken und Sein:

»Beim Denken werden nicht eigentlich Vorstellungen verknüpft, sondern Dinge, Eigenschaften, Begriffe, Beziehungen.« (*Nachgelassene Schriften*, S. 189, Nr. 3)

Auch wenn Frege sich eines solchen Kategorienfehlers nach seiner Unterscheidung von Sinn und Bedeutung nicht mehr schuldig gemacht hat, eine Tendenz zur Parallelisierung beider Ebenen bleibt doch bestehen:

»Vielmehr müssen wir annehmen, dass auch dem übrigen Teile des Satzes, der als Sinn den ungesättigten Teil des Gedankens hat, etwas im Reiche der Bedeutung entsprechen müsse, wenn der ganze Gedanke sich im Gebiet der Wahrheit befinden solle.« (*Nachgelassene Schriften*, S. 209)

Daß die Übertragung der Rede von Teil und Ganzem von der Ebene des Sinns auf die der Bedeutung (*Sinn und Bedeutung*, S. 35f.) zu Schwierigkeiten führt, hat Frege aber schließlich bemerkt und danach ein Abbildverhältnis nur noch zwischen den Ebenen der Sprache und des Sinnes behauptet, nämlich als Entsprechung von (gesättigten bzw. ungesättigten) Satz- und Gedankenbausteinen (*Nachgelassene Schriften*, S. 275; vgl. *Verneinung*, S. 148). Hierin kann man auch ein spätes Zugeständnis an Lotzes Ebenentrennung sehen. Eine Schwierigkeit bleibt für Frege dennoch bestehen, wie nämlich »im Reiche der Bedeutung« ein wirklicher Gegenstand einen idealen Begriff sättigen könne.

6. Objekt und Objektivität

Die bisherige Betrachtung hatte ergeben, daß Frege Lotzes Warnung, kategoriale Unterscheidungen von der Ebene des Denkens nicht einfach auf die Ebene des Seins zu übertragen, bei seinem eigenen Vergleich der Ebenen des Sinns und der Bedeutung nicht hinreichend berücksichtigt hat. Behauptet werden sollte damit nicht, daß sich Lotzes Ebene des Seins und Freges Ebene der Bedeutung völlig decken. Eine solche Auffassung verbietet sich schon deshalb, weil bei Frege auch Sinngebilde Bedeutungen sein können, nämlich in intensionalen Kontexten (*Sinn und Bedeutung*, S. 28). Wenn ganz allgemein dasjenige, wovon man spricht, der Gegenstand (die Bedeutung) der Rede ist, so heißt das nicht, daß ein solcher Gegenstand auch ein Gegenstand im ontologischen Sinne wäre. Sinngebilde sind keine Seinsgebilde, keine Entitäten. Man würde Frege eine vollständige Vermengung semantischer und ontologischer Unterscheidungen unterstellen, wollte man ihm eine solche Gleichsetzung zutrauen. Vielmehr wird man davon ausgehen dürfen, daß ihm prinzipiell Lotzes Unterscheidung von Gegenständen des Denkens und Gegenständen des Seins klar war. In einem Falle hat er sie aber, wie er später schmerzlich festellen mußte (*Briefwechsel*, S. 86f.), nicht beachtet, nämlich im Falle der logischen Gegenstände.

Ein geeigneter Ausgangspunkt für einen Vergleich in dieser Sache ist die Behandlung des bestimmten Artikels (im Singular). Bei Lotze steht dessen Gebrauch zunächst für eine bloße »Objectivirung« im Denken, ohne daß die so erreichte »Objectivität« zusammenfallen würde mit der »Wirklichkeit«, die den »Dingen« zukomme:

»Durch die logische Objectivirung, die sich in der Schöpfung des Namens verräth, wird daher der benannte Inhalt nicht in eine äußere Wirklichkeit hinausgerückt; die gemeinsame Welt, in welcher Andere ihn, auf den wir hinweisen, wiederfinden sollen, ist im Allgemeinen nur die Welt des Denkbaren; ihr wird hier die erste Spur eines eigenen Bestehens und einer inneren Gesetzlichkeit zugeschrieben, die für alle denkenden Wesen dieselbe und von ihnen unabhängig ist, und es ist hier ganz gleichgültig, ob einzelne Theile dieser Gedankenwelt Etwas bezeichnen, was noch überdies außerhalb der denkenden Geister selbständige Wirklichkeit besitzt, oder ob ihr ganzer Inhalt überhaupt nur in den Gedanken der Denkenden, mit gleicher Gültigkeit dann für alle, Dasein hat.« (§ 3)

Dem stimmt Frege insoweit zu, als es auch für ihn sinnvolle Namen (Kennzeichnungen) ohne Bedeutung gibt, z. B. in fiktionaler Rede. Auch Lotzes »Gedankenwelt« oder »Reich der Inhalte« (§ 347), »Reich der Ideen« (§ 347), »Ideenwelt« (§ 348) kehrt bei Frege wieder als »drittes Reich« (*Gedanke*, S. 69) von Gedanken, die allen als dieselben gegenüberstehen (*Verneinung*, S. 146f.). Das Sein der Gedanken besteht in dieser Objektivität und nicht in einer eigenen metaphysischen Seinsweise. Von dieser Interpretation sollte man sich auch nicht durch den Umstand abbringen lassen, daß bei Lotze terminologisch »Sein« und »Dasein« zusammenfallen und der Gebrauch von »Wirklichkeit« an anderer Stelle (§ 316) umfassender ist als derjenige von »Dasein« (vgl. dazu weiter unten Abschnitt 7). In der Sache besteht Übereinstimmung. »Wirklichkeit« als »Dasein« haben Gedanken auch für Frege nur, sofern sie von wirklichen Menschen als Denkenden gedacht oder gefaßt werden (*Gedanke*, S. 76f.). Wenn Frege außerdem von einem daseinsunabhängigen »Sein eines Gedankens« spricht (*Verneinung*, S. 146f.), so führt er damit nicht etwa – im Widerspruch zu Lotze – für Gedanken eine besondere Seinsweise ein, sondern er führt gerade umgekehrt das Sein von Gedanken auf deren Objektivität zurück. Die Lotze und Frege gemeinsame Auffassung könnte man in Anspielung auf die bekannte Formel »keine Entität ohne Identität« kontrastierend zusammenfassen als »aber Identität ohne Entität«. Daß etwas als *dasselbe* Denk- oder Sinngebilde Denkenden objektiv gegenübersteht, ist lediglich eine transzendentale Bedingung einer jeden Auseinandersetzung um Wahrheit, und diese Bedingung wird, wie Lotze und Frege sich sonst auch ausdrücken, »durch die That« (der Auseinandersetzung) anerkannt[17].

Soweit sind wir auf der Ebene des Sinns verblieben. Frege geht nun darüber hinaus, indem er logische, d. h. nicht-wirk-

[17] Vgl. zu dieser übereinstimmenden (Fichteschen!) Terminologie § 302 und *Grundlagen der Arithmetik*, § 26.

liche Gegenstände anerkennt, die nicht bloße Sinngebilde, sondern Bedeutungsgebilde sind. Damit ist die Ebene von Lotzes Objektivierungen im Denken verlassen. Bei seiner Erweiterung des Gegenstandsbereiches geht es Frege vor allem um die Anerkennung der Anzahlen als Gegenstände. Das von ihm verwendete Argument, daß der bestimmte Artikel im Singular (wir sagen »*die* Eins« usw.) ein Kennzeichen für Gegenstände sei, veranlaßt ihn, die Anzahlen als Gegenstände der sprachlichen Form »der Umfang des Begriffs F« zu fassen, und zwingt ihn schließlich, sein Kennzeichen mit dem paradoxen Ergebnis zu verteidigen, daß der Begriff »Pferd« kein Begriff sei (*Begriff und Gegenstand*, S. 196f.). Ein solches Paradox kann für Lotze gar nicht entstehen. Die Feststellung »substantivisch aber fassen wir nicht die Dinge allein, sondern ihre Eigenschaften ja auch« (§ 5) genügt ihm, um die Unterscheidung von Subjekt und Prädikat nur als logische und nicht auch als ontologische anzuerkennen (§ 345). Frege dagegen verteidigt seine Unterscheidung von Gegenstand und Begriff als absolute, und dieses führt dazu, daß ihm im Falle der logischen Gegenstände, zu denen wir *nur* einen sprachlichen Zugang haben, Lotzes Unterscheidung von Gegenständen des Denkens und Gegenständen des Seins verlorengeht. Mit Blick auf die Folgen dieser Nichtunterscheidung des Verschiedenen für Freges logizistischen Aufbau der Arithmetik bekommt Lotzes Warnung vor einem hypostasierenden Gebrauch des bestimmten Artikels noch nachträglich einen ganz besonderen Stellenwert.

7. Zur Dummett-Sluga-Kontroverse

Die zuletzt angesprochene Frage nach dem Zusammenhang der Begriffe »Objekt« (Gegenstand) und »Objektivität« ist das betimmende Thema der neueren Diskussion zum Verhältnis Lotze – Frege gewesen. Dabei geht es darum, inwieweit Freges Begriff der Objektivität von demjenigen Lotzes abgeleitet werden könne oder gar mit ihm identisch sei. H. Sluga hat diese These vertreten und darauf eine erkenntnistheoretische (geltungslogische) Deutung von Freges Gegenstandsbegriff gegründet. Es ist hier nicht der Ort, auf die insbesondere zwischen ihm und M. Dummett geführte Debatte[18] im einzelnen einzugehen. Dazu bedürfte es einer genaueren Untersuchung auch der historischen Entwicklung von Freges Auffassungen, und damit würde der Rahmen dieser Einleitung gesprengt werden. Abschließend sei aber wenigstens zusammenfassend angedeutet, wie sich uns die Sache darstellt.

Die von Dummett gegen Slugas These vorgebrachten Argumente fußen u.a. auf terminologischen Uneinheitlichkeiten bei Lotze. Lotze geht aber auch sonst nicht so vor, daß er eine Terminologie systematisch ein für alle Mal einführt. Er trifft eher der jeweiligen Entwicklungsstufe der Argumentation angepaßte Unterscheidungen (vgl. z.B. § 345). Ob hierin eine systematische Schwäche zum Ausdruck kommt oder aber eine Darstellungsform, die aus Lotzes dialektisch-entfaltender Methode erwächst, mag dahingestellt bleiben. Die von Dummett angesprochenen Schwierigkeiten lassen sich jedenfalls in der folgenden Weise auflösen: Lotzes engerer Gebrauch von »Wirklichkeit« (im § 3) als »Dasein« in der Zeit oder in Zeit und Raum stimmt mit demjenigen von Frege überein[19]. Dabei entspricht das, was »außerhalb der denkenden Geister selbständige Wirklichkeit besitzt« (§ 3), Freges Objektiv-Wirklichem, d.h. dem Physischen, und das, was »nur in den Gedanken der Denkenden (...) Dasein hat« (§ 3), nämlich »Wirklichkeit« im Sinne eines inneren »Ereignisses« (§ 316), Freges Subjektiv-Wirklichem, d.h. dem Psychischen. Lotzes weiterer Gebrauch von »Wirklichkeit« (im § 316) läßt sich dann Freges allgemeinem Begriff der »Objektivität« unter Ausschluß des Subjektiv-Wirklichen zuordnen.

Was den Zusammenhang der Begriffe »Objektivität« und »Objekt« anbelangt, so spricht gewiß einiges für eine Ontologisierungstendenz zumindest beim mittleren Frege, also dem Frege der *Grundgesetze der Arithmetik*. Diese erstreckt sich aber lediglich auf die Einführung extensionaler Gegenstände

[18] Zu den hier einschlägigen Arbeiten beider siehe das Literaturverzeichnis [2.4].

[19] Lotzes Rede vom »Dasein« einer Ideenwelt mit Blick auf Platon (§ 321, Schluß) sollte als einmalige terminologische »Entgleisung« nicht überbewertet werden.

als Entitäten. Eine Hypostasierung von Sinngebilden zu intensionalen Entitäten findet auch hier nicht statt. Schwieriger wird es sein, Freges Bereich der objektiv-wirklichen Gegenstände einer nicht-ontologischen Deutung, etwa im Sinne eines transzendentalen Idealismus, zuzuführen. Der intensionale Platonismus des späten Frege dagegen kann als transzendentaler Platonismus in der neukantianischen Tradition seit Lotze verstanden werden[20].

Bisweilen hat es freilich den Anschein, als würde Lotze gerade hinsichtlich der Gedanken eine bloße Intersubjektivität im Unterschied zu der von Frege behaupteten Objektivität vertreten. So spricht Lotze von dem Gedanken als »Product« logischer Denkhandlung und scheint auch zunächst nicht ihm, sondern nur seiner Geltung Objektivität zusprechen zu wollen: »Der erzeugte Gedanke selbst dagegen (...) hat *objective* Geltung« (§ 345). Und so mutet es wie eine direkte Entgegnung auf diese Stelle an, wenn Frege in einem frühen Entwurf zu einer Logik sagt:

»Wenn der Inhalt des Satzes 2 + 3 = 5 für alle Menschen, die ihn als wahr anerkennen, genau und im strengsten Sinne derselbe ist, so ist damit gesagt, dass er nicht ein Erzeugnis der Seele Dieses ist und ein Erzeugnis der Seele Jenes, sondern dass er von Diesem erfasst und als wahr erkannt werde und ebenso von Jenem.« (*Nachgelassene Schriften,* S. 4)

Liest man jedoch im Text von Lotze weiter, so ist auch dort bereits die Fregesche Auffassung angesprochen, indem der Gedanke mit einem »Object« verglichen wird, das von der Subjektivität des einzelnen Denkenden unabhängig ist, und als Inhalt gefaßt wird, »der als derselbe und sich selbst gleiche auch dem Bewußtsein Anderer gegenübersteht« (§ 345). Ein solches Gegenüberstehen von Gedanken verträgt sich gar nicht mit deren Erzeugung, und daher ist Frege hier genauer. Er hat auch konsequenter weitergedacht, indem er schließlich nicht nur von wahren (geltenden) Gedanken die Objektivität behauptet hat, sondern auch von solchen Gedanken, die nicht wahr sind, seien sie nun falsch oder weder wahr noch falsch.

In der Diskussion zwischen Dummett und Sluga geht es nun

[20] Vgl. hier und zum Folgenden Gabriel (1986 [4], S. 97–101).

darum, ob Frege Objektivität als erkenntnistheoretische Intersubjektivität im Anschluß an Lotze versteht (so Sluga)[21] oder als davon gerade verschiedene ontologische Objektivität (so Dummett). Die hier vertretene Position liefe darauf hinaus, Lotze und Frege gemeinsam auf einen Begriff transsubjektiver Objektivität festzulegen, der mehr als Intersubjektivität und weniger als ontologische Objektivität besagt[22]. Insofern diese Objektivität durch das transzendentale Argument gestützt wird, daß ihre Anerkennung die Bedingung der Möglichkeit jeder Auseinandersetzung um die Frage der Wahrheit oder Unwahrheit ist, haben wir es dann bei beiden Philosophen mit einem transzendentalen Objektivismus zu tun, der aufgrund seines historischen Bezuges die Bezeichnung »transzendentaler Platonismus« verdient.

Würde man jedoch an einer ontologischen Deutung der Fregeschen Gedanken und anderer Sinngebilde festhalten wollen, so wird man daraus keineswegs den Schluß ziehen dürfen, daß eine vergleichende Lektüre von Lotzes *Logik* überflüssig sei, sondern ganz im Gegenteil in einer systematischen Bewertung feststellen müssen, daß gerade derjenige Schritt, den Frege hier (möglicherweise) über Lotze hinaus getan hätte, der Schritt nämlich zu einer ontologischen Hypostasierung bloßer Gegenstände des Denkens, rückgängig zu machen wäre. Man würde sich in diesem Falle für Lotze und gegen Frege zu entscheiden haben. Wie immer also die Interpretation Freges ausfallen mag, an Lotze wird man so oder so nicht mehr vorbeikommen können.

[21] Diese Auffassung vertreten auch Mendonça/Stekeler-Weithofer (1987 [4]).

[22] Dabei wird man zugestehen dürfen, daß einige Formulierungen Lotzes (z. B. in § 338) auch eine intersubjektivistische Lesart ermöglichen.

LITERATURHINWEISE

Eine ausführlichere Lotze-Bibliographie (zur Primär- und Sekundärliteratur) von P.G. Kuntz findet sich in Santayana (1971 [2.2], S. 233–269). Ergänzend (zur Primärliteratur) heranzuziehen ist das sehr gute »Verzeichnis der literarischen Publikationen Lotzes« von E. Rehnisch (1906 [2.1]). Die Zusammenstellung der Schriften Freges in [3] erfaßt nur diejenigen, auf die in der Einleitung des Herausgebers Bezug genommen wird. Angegeben werden nur die Erstveröffentlichungen. Zu Nach- und Neudrucken vgl. die Bibliographie in den *Nachgelassenen Schriften* (2. Aufl., S. 303–314).

1. Schriften Lotzes

Metaphysik, Leipzig 1841.

Allgemeine Pathologie und Therapie als mechanische Naturwissenschaften, Leipzig 1842, ^{2}1848.

Logik, Leipzig 1843.

Allgemeine Physiologie des körperlichen Lebens, Leipzig 1851.

Medicinische Psychologie oder Physiologie der Seele, Leipzig 1852.

Mikrokosmus. Ideen zur Naturgeschichte und Geschichte der Menschheit. Versuch einer Anthropologie, I–III, Leipzig 1856–1864, ^{3}1876–1880, ^{5}1896–1906, Leipzig ^{6}1923, hg. R. Schmidt unter dem Titel: Mikrokosmos. [...].

Geschichte der Ästhetik in Deutschland, München 1868, Nachdruck Leipzig 1913 [mit Register], New York/London 1965 [ohne Register].

System der Philosophie, I–II, Leipzig 1874/1879 [Revidierte Ausgabe von »Logik« (1843) und »Metaphysik« (1841): I Drei Bücher der Logik, II Drei Bücher der Metaphysik], I ^{2}1880. Neudruck, hg. G. Misch, Leipzig 1912, I ^{2}1928. Engl. hg. B. Bosanquet, Lotze's System of Philosophy, I–II, Oxford 1884, ^{2}1888, Nachdruck von I, New York/London 1980.

Grundzüge der Psychologie. Dictate aus den Vorlesungen von H. Lotze, Leipzig 1881, ^{6}1904.

Geschichte der deutschen Philosophie seit Kant. Dictate [...], Leipzig 1882, ^{2}1894.

Grundzüge der Naturphilosophie. Dictate [...], Leipzig 1882, [2]1889.
Grundzüge der praktischen Philosophie. Dictate [...], Leipzig 1882, [3]1899, Nachdruck (der Ausgabe von 1882) Amsterdam 1969.
Grundzüge der Religionsphilosophie. Dictate [...], Leipzig 1882, [3]1894.
Grundzüge der Logik und Encyclopädie der Philosophie. Dictate [...], Leipzig 1883, [4]1902. Engl. G. T. Ladd, Outlines of Logic and of Encyclopaedia of Philosophy, Boston 1887, [3]1904.
Grundzüge der Metaphysik. Dictate [...], Leipzig 1883, [2]1887.
Grundzüge der Aesthetik. Dictate [...], Leipzig 1884, [3]1906.
Kleine Schriften I–III (III in 2 Bdn), hg. D. Peipers, Leipzig 1885–1891.

2. Schriften über Lotze

2.1. Zur Biographie

Falckenberg, R., Hermann Lotze. Erster Teil [mehr nicht erschienen]: Das Leben und die Entstehung der Schriften nach den Briefen, Stuttgart 1901.
Rehnisch, E., Zur Biographie Hermann Lotzes; in: H. Lotze, Grundzüge der Ästhetik. Diktate aus den Vorlesungen, Leipzig [3]1906, S. 86–128. Enthält u.a. »Nekrolog«, »Verzeichnis der literarischen Publikationen Lotzes« und »Übersicht über Lotzes Lehrtätigkeit an den Universitäten Leipzig, Göttingen und Berlin«.
Wentscher, M., (1913 [2.2]).

2.2. Allgemeine Darstellungen

Bamberger, F., Untersuchungen zur Entstehung des Wertproblems in der Philosophie des 19. Jahrhunderts: I. Lotze, Halle 1924.
Caspari, O., Hermann Lotze in seiner Stellung zu der durch Kant beginnenden neuesten Geschichte der Philosophie und die philosophische Aufgabe der Gegenwart, Breslau 1883, [2]1894.
Devaux, Ph., Lotze et son influence sur la philosophie anglo-saxonne. Contribution à l'étude historique et critique de la notion de valeur, Brüssel 1932 (= Archives de la Société Belge de Philosophie 3 (1930–1931), Heft 2).
Hartmann, E. v., Lotzes Philosophie, Leipzig 1888.
Jones, H., A Critical Account of the Philosophy of Lotze, Glasgow 1895.
Kraushaar, O. F., What James's Philosophical Orientation Owed to Lotze. Philosophical Review 47 (1938), S. 517–525.

Kuntz, P. G., Rudolf Hermann Lotze, Philosopher and Critic; in: G. Santayana (1971), S. 1–105.
–, Santayana and Lotze. Southern Journal of Philosophy 10 (1972), S. 109–113.
–, Lotze as a Process Philosopher. Idealistic Studies 9 (1979), S. 229–242.
Orth, E. W., Dilthey und Lotze. Zur Wandlung des Philosophiebegriffs im 19. Jahrhundert. Dilthey-Jahrb. 2 (1984), S. 140–158.
–, Rudolf Hermann Lotze: Das Ganze unseres Welt- und Selbstverständnisses; in: J. Speck (Hg.), Grundprobleme der großen Philosophen, Philosophie der Neuzeit IV, Göttingen 1986, S. 9–51.
Pfleiderer, E., Lotze's philosophische Weltanschauung nach ihren Grundzügen, Berlin 1882, [2]1884.
Santayana, G., Lotze's System of Philososphy, hg. P. G. Kuntz, Bloomington/London 1971. Enthält Einleitung Kuntz (1971) und Bibliographie.
Schnädelbach, H., Philosophie in Deutschland 1831–1933, Frankfurt 1983, S. 206–218.
Stumpf, C., Zum Gedächtnis Lotzes. Kant-Studien 22 (1918), S. 1–26.
Thomas, E. E., Lotze's Theory of Reality, London 1921.
Wentscher, M., Hermann Lotze I [mehr nicht erschienen]: Lotzes Leben und Werke, Heidelberg 1913.
–. Fechner und Lotze, München 1925.
Willey, T. E., Back to Kant. The Revival of Kantianism in German Social and Historical Thought, 1860–1914, Detroit 1978, S. 40–57 (= chap. 2: Back to Criticism: Rudolf Hermann Lotze).
Woodward, W. R., From Association to Gestalt: The Fate of Hermann Lotze's Theory of Spatial Perception, 1846–1920. Isis 69 (1978), S. 572–582.

2.3. Zur Logik und Erkenntnistheorie

Adamson, R., Rezension von Lotzes *Logik*. Mind 10 (1885), S. 100 bis 115, Nachdruck in: ders., A Short History of Logic, hg. W. Sorley, Edinburgh/London 1911, S. 190–214.
Bauch, B., Lotzes Logik und ihre Bedeutung im deutschen Idealismus. Beiträge zur Philosophie des deutschen Idealismus 1 (1919), S. 45–58.
Cuming, A., Lotze, Bradley and Bosanquet. Mind N. S. 26 (1917), S. 162–170.

Eastwood, A., Lotze's Antithesis between Thought and Things. Mind N. S. 1 (1892), S. 305–324, 470–488.
Glockner, H., Lotzes Deutung der platonischen Ideen. Pädagogische Hochschule 2 (1930), S. 7–17.
Göldel, R. W., Die Lehre von der Identität in der deutschen Logik-Wissenschaft seit Lotze. Ein Beitrag zur Geschichte der modernen Logik und philosophischen Systematik, Leipzig 1935.
Goldner, F. M., Die Begriffe der Geltung bei Lotze, Borna-Leipzig 1918.
Heidegger, M., Logik. Die Frage nach der Wahrheit (= ders., Gesamtausgabe, Bd. 21), Frankfurt 1976, § 9 (= S. 62–88).
Hosang, An, Hermann Lotzes Bedeutung für das Problem der Beziehung, Jena 1929, Bonn [2]1967.
Knower, E. T., Lotze's Logic. Philosophical Review 42 (1933), S. 381–398.
Lenk, H., Kritik der logischen Konstanten. Philosophische Begründungen der Urteilsformen vom Idealismus bis zur Gegenwart, Berlin 1968, S. 432–452 (XVII. Lotzes Versuch, die Urteilsformen herzuleiten).
Maxsein, A., Der Begriff der »Geltung« bei Lotze. Der Görres-Gesellschaft philosophisches Jahrbuch 51 (1938), S. 457–470.
Misch, G., Einleitung zu seiner Ausgabe von Lotzes *Logik,* Leipzig 1912, [2]1928, S. IX–XCII.
Pfeil, C. F., Der Einfluß Lotzes auf die logische Bewegung der Gegenwart, dargestellt am Begriff der »Geltung« und am Begriff der Wahrheit und des Apriori, Tübingen 1914.
Robins, E. P., Some Problems of Lotze's Theory of Knowledge, hg. J. E. Creighton, New York 1900 (=Cornell Studies in Philosophy 1).
Stammler, G., Deutsche Logikarbeit seit Hegels Tod als Kampf von Mensch, Ding und Welt I: Spekulative Logik, Berlin 1936, S. 443–512 (Fünftes Kapitel: Lotze).

2.4. Zum Verhältnis Lotze – Frege

Bierich, M., Freges Lehre von dem Sinn und der Bedeutung der Urteile und Russells Kritik an dieser Lehre. Diss. Hamburg 1951, S. 9–29, 80–87.
Dummett, M., The Interpretation of Frege's Philosophy, Cambridge, Mass. 1981, insbesondere S. 393–397, 520–526 (Frege and Lotze).
–, Frege's ›Kernsätze zur Logik‹. Inquiry 24 (1981), S. 439–448.
–, Objectivity and Reality in Lotze and Frege. Inquiry 25 (1982), S. 95–114.

Gabriel, G., Einige Einseitigkeiten des Fregeschen Logikbegriffs; in: M. Schirn (Hg.), Studien zu Frege II, Stuttgart-Bad Cannstatt 1976, S. 67–86, Abschnitt 3.2 (Die Weiterentwicklung der Urteilslehre H. Lotzes).

Majer, U., [Würdigung Lotzes zu dessen 100. Todestag, ohne Titel]. Göttinger Monatsblätter, Juli 1981, S. 6–7.

Sluga, H. D., Frege as a Rationalist; in: M. Schirn (Hg.), Studien zu Frege I, Stuttgart-Bad Cannstatt 1976, S. 27–47, insbesondere S. 29, 37, 39.

–, Frege's Alleged Realism. Inquiry 20 (1977), S. 227–242, insbesondere Abschnitte 3 und 4.

–, Gottlob Frege, London u.a. 1980, insbesondere S. 52–58, 72f., 117–121, 150ff.

–, Frege: The Early Years; in: R. Rorty u. a. (Hg.), Philosophy in History, Cambridge u.a. 1984, S. 329–356, insbesondere Abschnitte VII–IX.

–, Semantic Content and Cognitive Sense; in: L. Haaparanta/J. Hintikka (Hg.), Frege Synthesized, Dordrecht u.a. 1986, S. 47–64, insbesondere Abschnitt 5.

3. Schriften Freges

Begriffsschrift, eine der arithmetischen nachgebildete Formelsprache des reinen Denkens, Halle a. S. 1879.

Die Grundlagen der Arithmetik. Eine logisch mathematische Untersuchung über den Begriff der Zahl, Breslau 1884.

Function und Begriff, Jena 1891.

Über Sinn und Bedeutung. Zeitschrift für Philosophie und philosophische Kritik 100 (1892), S. 25–50.

Ueber Begriff und Gegenstand. Vierteljahrsschrift für wissenschaftliche Philosophie 16 (1892), S. 192–205.

Grundgesetze der Arithmetik. Begriffsschriftlich abgeleitet. I. Band, Jena 1893; II. Band, Jena 1903.

Der Gedanke. Eine logische Untersuchung. Beiträge zur Philosophie des deutschen Idealismus 1 (1918/19), S. 58–77.

Die Verneinung. Eine logische Untersuchung. Beiträge zur Philosophie des deutschen Idealismus I (1918/19), S. 143–157.

Nachgelassene Schriften, hg. H. Hermes, F. Kambartel, F. Kaulbach, Hamburg 1969, [2]1983.

Wissenschaftlicher Briefwechsel, hg. G. Gabriel, H. Hermes, F. Kambartel, C. Thiel, A. Veraart, Hamburg 1976.

4. Sonstige Literatur

Currie, G., Frege. An Introduction to His Philosophy, Brighton/Totowa 1982.
Gabriel, G., Frege als Neukantianer. Kant-Studien 77 (1986), S. 84–101.
Heidegger, M., Frühe Schriften (= Gesamtausgabe, Bd. 1), Frankfurt 1978.
–, Sein und Zeit, Tübingen [15]1979.
–, Zur Bestimmung der Philosophie (= Gesamtausgabe, Bd. 56/57), Frankfurt 1987.
Husserl, E., Logische Untersuchungen I, Halle a. S. 1900.
–, Entwurf einer »Vorrede« zu den »Logischen Untersuchungen« (1913). Tijdschrift voor Filosofie 1 (1939), S. 106–133, 319–339.
Kant, I., Logik. Akademieausgabe IX, S. 1–150.
Mendonça, W. P./P. Stekeler-Weithofer, Frege – ein Platonist? Ratio 29(1987), S. 157–169.
Morscher, E., Von Bolzano zu Meinong: Zur Geschichte des logischen Realismus; in: R. Haller (Hg.), Jenseits von Sein und Nichtsein, Graz 1972, S. 69–102.
Passmore, J., A Hundred Years of Philosophy, London [2]1966.
Picht, G., Die Macht des Denkens; in: G. Neske (Hg.), Erinnerungen an Martin Heidegger, Pfullingen 1977, S. 197–205.
Weiße, C. H., Grundzüge der Metaphysik, Hamburg 1835.

HERMANN LOTZE

LOGIK

DRITTES BUCH

VOM ERKENNEN (METHODOLOGIE)

[Einleitung]

Als ich in der angewandten Logik den Mitteln nachging, durch die es uns gelingt, den mannigfachen Inhalt unseres Vorstellens jenen idealen Formen der Fassung und Verknüpfung einzuordnen, welche die reine Logik kennen gelehrt hatte, habe ich noch nicht von den allgemeinen Methoden gesprochen, mit deren Schilderung die Lehre vom Denken zu schließen pflegt. Ich glaube dort keine unentschuldbare Unterlassung durch ihre Verschweigung begangen zu haben und hier nicht willkürlich zu verfahren, wenn ich sie und Verwandtes diesem letzten Theile meiner Arbeit vorbehalte.

297. Seit Aristoteles hat man analytische und synthetische Methode, im Wesentlichen immer nach denselben Gesichtspunkten, als die beiden umfassenden Endformen unserer wissenschaftlichen Gedankenbewegung unterschieden. Der antiken Vorstellungsweise galt hierbei der mannigfaltige gegebene Stoff der Untersuchung als der Gegenstand einer Zergliederung, die aus ihm seine einfachsten Bestandtheile oder seine allgemeinsten Bedingungeu zu finden hatte; die analytische Methode war daher ein rückläufiges Verfahren, das a principiatis ad principia seinen Weg nahm; die gefundenen Principien dagegen waren die Bausteine, aus deren Zusammensetzung das synthetische Verfahren rechtläufig die gegebenen Einzelheiten erzeugte. Unserem modernen Sprachgefühl entsprechen beide Namen nicht mehr ebenso sehr und wir würden leicht versucht sein, ihre Bedeutungen zu vertauschen. Wir sind nicht mehr an die Hoffnung gewöhnt, eine bloße Zergliederung des Gegebenen werde die gesuchten Principien in ihnen finden; wir haben vielmehr erfahren, daß wir sie, für unsere Erkenntniß, häufig durch vergleichende Combination des Mannigfachen erzeugen müssen, und sie erscheinen uns deshalb als Endergebnisse eines synthetischen Gedankengangs; wir sind ebenso nicht mehr ausschließlich der Vorstellung geneigt, Principien als Atome der Wahrheit

anzusehen, aus deren Zusammensetzung allein die mannigfachen Einzelwahrheiten entsprängen; weit mehr, gleichviel ob mit Recht oder Unrecht, erscheinen Principien uns entwicklungsfähig und die Ableitung des Bedingten von seinen Bedingungen mindestens ebenso allgemein als eine Zergliederung dessen, was in diesen enthalten war. Aber es würde der Mühe nicht lohnen hierüber zu streiten; denn sichtlich ist zuerst keine der beiden Methoden, im Allgemeinen wenigstens, rein durchführbar. Kein analytisches Verfahren kann durch bloße Zergliederung eines Gegebenen zu einem Princip oder einer allgemeinen Wahrheit gelangen, ohne jedesmal das Ergebniß a des zuletzt gethanen Schrittes mit irgend einem allgemeinen Satze T zusammenzuhalten und durch versuchte Unterordnung des a unter T, in diesem Theile seines Weges also synthetisch, darüber gewiß zu werden, ob a selbst als ein Letztes anzuerkennen ist, oder ob Gründe vorliegen, zur Hebung eines Widerspruchs die Zergliederung nach einer bestimmten Richtung hin weiter fortzusetzen. Und keineswegs gehört jenes T, welches sich hier eindrängt, immer nur zu jenen formal logischen Gesetzen, denen man selbstverständlich zugesteht, daß sie im Einzelnen den modus procedendi jeder denkbaren Methode beherrschen müssen; um wirklich weiter zu führen, wird häufig T ein inhaltvoller Satz sein müssen, den die Logik nicht geben kann, den man vielmehr als eine aus anderen Gründen feststehende Wahrheit annehmen und dem durch die Zergliederung gefundenen Ergebnisse überordnen muß. Ebenso wenig wird eine synthetische Methode ohne Beihülfe analytischer Gedankenbewegung in Gang kommen; hätte sie auch am Anfang eine Anzahl elementarer Wahrheiten A B C in der Hand, so würde sie doch über die Tautologie des bloßen Zugleichgeltens dieser Wahrheiten nie hinauskommen, wenn sie nicht nachweisen könnte, wie aus dem Zusammentreffen ihrer Gültigkeit an einem und demselben Gegenstand bald diese bald jene neuen Folgen x oder y sich entwickeln müssen; ob aber x oder y eintreten werde, darüber kann nur durch die vorgängige Zergliederung der Natur dieses Gegenstandes, also durch eine Strecke analytisches Verfahrens, entschieden werden; hierdurch erst wird die bestimmte zweite Prämisse ermittelt, die in Verbindung mit jenen gegebenen Wahrheiten als erster den nächsten synthetischen Fortschritt zu einem bestimmten Schlußsatze möglich macht. Es ist zuzugeben, daß auf einzelnen Gebieten die synthetische Methode unabhängiger erscheint; die Geometrie kann die Gegenstände, auf welche sie ihre allgemeinen Wahrheiten anwenden will, selbst der Reihe nach erzeugen, und die zergliedernde Angabe dessen, was zur Ableitung jedes neuen Satzes als gegeben gelten soll, nimmt in ihren Darstellungen wenig Raum ein; der Sache nach fehlen kann sie doch nicht. Aber in allgemeineren Grenzen, da wo es sich um eine synthetische Construction von Wirklichkeiten handelt, geht der progressiven Ableitung aus den Principien immer eine umfängliche regressive Zergliederung des Gegebenen voran, und durch sie erst werden dem synthetischen Verfahren die Richtungen bestimmt, in denen es zu seinen Principien die unentbehrlichen zweiten Prämissen zu suchen hat.

298. Der Unterschied beider Methoden läuft daher in der That praktisch auf einen Gegensatz hinaus, den man längst wirklich bemerkt hat: die analytische Methode ist wesentlich das Verfahren der Untersuchung, welche die Wahrheit finden will, die synthetische das Verfahren der Darstellung, welche die irgendwie auf geraden oder ungeraden Wegen ermittelten Wahrheiten in ihrem eigenen objectiven Zusammenhange wiedergeben will. Und zwar verstehe ich unter Darstellung nicht allein die Mittheilung an Andere, denn für diesen Zweck ist die Schilderung des subjectiven Erfindungsganges ebenso nothwendig und unterrichtend; ich meine vielmehr jene logische Fassung des gewonnenen Inhalts, in welcher allein er den idealen Anforderungen unseres Denkens an eine in sich selbständige Wahrheit entspricht. Innerhalb der angewandten Logik schien es mir daher wenig ersprießlich, von diesen beiden Methoden zu sprechen; denn ein praktisches Hülfsmittel zur Lösung von Aufgaben bietet keine von beiden; auch die analytische nicht, obgleich wir sie für die Form der entdeckenden Untersuchung halten. Dadurch allein, daß wir Jemand auffordern, nach analytischer Methode zu arbeiten, haben wir ihm noch keine nützliche Anweisung gegeben; die Definition der Methode in der allgemeinen Form, in der sie aufgestellt zu werden pflegt, enthält im Grunde nur eine Andeutung über die Richtung, in der der eigentliche Weg erst zu suchen ist; was ihn finden lehrt, besteht in den einzelnen Kunstgriffen der angewandten Logik, bei deren Benutzung es schließlich ziemlich gleichgültig ist, ob man sie hinterher zu einem synthetischen oder zu einem analytischen Verfahren rechnen will. Und

ebenso: wem wir einen synthetischen Gang vorschreiben, der hat hierdurch auch nur eine Aufgabe gestellt erhalten; wie er sie richtig lösen wird, eine Frage, zu deren Beantwortung recht eigentlich doch eine Methode dienen sollte, erfährt er durch die allgemeine Charakteristik des von ihm verlangten Verfahrens, von den Gründen zu den Folgen herabzusteigen, in keiner irgend ausreichenden Weise.

299. Dies alles stellt sich anders, wenn wir uns eine Freiheit versagen, die wir uns in der angewandten Logik gestatteten, und so unseren Betrachtungen einen befriedigenden Abschluß zu gewinnen suchen. Wo wir dort von Beweisen, von der Aufsuchung der Beweisgründe, von der Auffindung von Gesetzen sprachen, haben wir überall in gewisser Weise unvollendete Arbeit übrig gelassen: jeder Versuch zur Begründung eines Satzes ging nur einige Schritte zurück und kam zur Ruhe, wenn ein anderer Satz erreicht war, dessen vorausgesetzte Richtigkeit zur Grundlage jenes dienen konnte. Dies Verfahren entspricht dem wirklichen Verhalten unserer Gedanken im Leben wie in den einzelnen Wissenschaften. Im Leben liegt unserer Beurtheilung der Dinge und unseren Folgerungen nicht ein einziger Satz T, auch nicht eine reinlich abgegrenzte Gruppe gleichartiger elementarer Wahrheiten zu Grunde; sondern sehr Vielerlei, von ganz ungleichartigem Gepräge, ist uns gleich gewiß. hier ein Satz A, der einmal aufgefaßt sich von nun an mit dem Gefühl seiner Denknothwendigkeit aufdrängt, dort ein anderer B als Ausdruck einer Thatsache der Wahrnehmung, die nicht eben sein müßte, aber unwidersprechlich ist; ein dritter C als Grundsatz von ganz unbekannter Herkunft, dessen Gültigkeit aber in jedem Augenblicke durch einen Versuch seiner Anwendung wiederbestätigt wird; mancher Satz D endlich, der aus gleich unbekannten Quellen entsprungen, zwar keine solche Bewährung seiner Richtigkeit zuläßt, aber doch ein unabweisbares Bedürfniß zu enthalten scheint, dem wir genügen zu müssen glauben, wenn unsere verknüpfende Auffassung des gegebenen Mannigfachen Wahrheit haben soll. Jeden dieser verschiedenen Gewißheitspunkte, und in jedem derselben kann man sich eine Mehrheit elementarer Ueberzeugungen zusammengedrängt denken, benutzt unsere lebendige Gedankenbewegung gelegentlich, um eine schwebende Frage zu beantworten; ja selbst einen Satz, der seinem Inhalte nach eine Folge der einen Voraussetzung sein würde, beweisen wir uns häufig von einer

andern aus, sobald seine Abhängigkeit von seinem eigentlichen Grunde nicht sofort durchsichtig ist. So wechseln wir beständig die Fußpunkte unserer Beurtheilung: bald von einem evidenten Gesetze ausgehend, bestimmen wir seine Folgen, bald durch erneuerte Betrachtung gegebener Folgen stärken wir uns in dem Glauben an das Gesetz; Consequenzen, die mit innerer Nothwendigkeit aus einem anerkannten Princip zu fließen scheinen, wehren wir ab um der Unwahrscheinlichkeit willen, die sie für einen andern Standpunkt haben; bald gehen wir von A aus, um ein zweifelhaftes B zu erweisen, bald halten wir B für evidenter und benutzen es zur Begründung von A; was in jedem Augenblicke für uns psychologisch die größte Gewißheit hat, das gilt uns als der zuverlässige Punkt, von dem aus die übrigen schwankenden Gedanken festzustellen sind.

300. Ganz in solcher Ungebundenheit bewegt sich nun allerdings das wissenschaftliche Denken nicht; aber die wirkliche Wissenschaft, die wir besitzen, nicht die ideale, die wir besitzen möchten, hat doch noch immer mit jenem Verfahren der naturwüchsigen Ueberlegung Aehnlichkeit genug. Eine wirkliche Untersuchung kommt auch hier kaum jemals zu Stande, ohne daß die Beurtheilung auf einzelnen Voraussetzungen beruhte, die man theils für unbeweisbar aber gewiß, theils für unbeweisbar aber nur probabel hält, und die man bald als unableitbare Principien der eigenen, bald als verbürgte Ergebnisse einer andern Wissenschaft ansieht. Selbst innerhalb eines und desselben Gebietes wechseln die Versuche der Begründung; ohne die Gewißheit eines Satzes in Zweifel zu ziehen, der früher als Quell der Ableitung für andere galt, glaubt man doch einen andern noch gewisser an die Spitze stellen zu können und von ihm jenen mit allen seinen Folgen abzuleiten. Ueberblickt man aber unser Wissen im Ganzen, so wie es unter verschiedene Wissenschaften vertheilt ist, so wird man keine der letztern in sich selbst völlig abgeschlossen finden, sondern in jeder derselben formale oder materiale Principien entdecken, deren Geltung auf Grund ihrer unmittelbaren Evidenz oder ihrer aufklärenden Folgen zugelassen wird; aber die Frage nach ihrem Ursprung oder ihrem Zusammenhang untereinander wird da fallen gelassen, wo ihre Beantwortung nichts zu dem inneren Betriebe der Wissenschaft selbst scheint beitragen zu können. Diesen Stand der Sachen hatten wir in der angewandten Logik vor

Augen und glaubten in dieser Lehre von der Natur der Untersuchungen uns auf ihn beschränken zu können. Denn was sich für angewandte Logik, richtiger für eine Darstellung der möglichen Anwendungsweisen der Logik gibt, setzt eine Vielheit solcher Anwendungsfälle voraus, die nur möglich ist, wenn das Geschäft des Untersuchens in dem Anfang von einem gegebenen Anfangspunkte und in seiner gesetzmäßigen Verknüpfung mit ebenfalls vorausgesetzten festen Punkten besteht. Von dieser Art sind alle die mannigfaltigen Untersuchungen, die wir wirklich zu unternehmen pflegen, und unser Erkennen verhält sich hierin ähnlich unserem Leben. Woher im Anfange der Geschichte unser ganzes Geschlecht gekommen ist, wissen wir nicht und ebenso unausdenkbar ist uns seine ferne Zukunft; für die meisten verschwindet schon in naher Vergangenheit die Erinnerung an ihre näheren Vorfahren und für alle ist die Voraussicht über die Schicksale ihrer Nachkommen noch beschränkter; innerhalb dieser beiden Dunkelheiten liegt doch ein verhältnißmäßig heller Raum des Lebens vor uns mit deutlichen Bedürfnissen dringenden Pflichten und erreichbaren Zielen; die Freude am Dasein und die Zuversicht in der Behandlung der Gegenwart wird nur wenig durch die Ungewißheit des Anfangs und des Endes beeinträchtigt. So ist es auch mit unserem Wissen. Eine ewige Wahrheit oder einen zusammengeschlossenen Kreis von Wahrheiten setzen wir voraus; aber in unseren gewöhnlichen Ueberlegungen gibt es für ihn weder einen vollständigen und geschlossenen Ausdruck, noch eine deutliche Uebersicht seiner Gliederung; nur einzelne Theile desselben werden uns auf eine Weise, die wir selbst uns nicht zu zergliedern vermögen, während der Uebung unseres Denkens im Zusammenstoß mit der Wirklichkeit klar und evident; unser Untersuchen ist eine Art von Binnenverkehr, welcher die ungewissen und veränderlichen Wahrnehmungen mit diesen verschiedenen in unser Bewußtsein hineinragenden Gipfeln einer in ihrem Zusammenhang verborgen bleibenden Gesammtwahrheit zu verknüpfen sucht.

301. Aber ebenso wie dem Leben die Augenblicke kommen, in denen die Gegenwart erträglich und verständlich nur zu werden scheint, wenn man ihren Zusammenhang mit Vergangenheit und Zukunft glaubt ahnen zu können, ebenso kommen dem Erkennen Veranlassungen, aus jenem Kleinhandel des gewöhnlichen Untersuchens herauszugehen

und sich über Lage Verbindung und Sicherheit der Ausgangs- und Zielpunkte seiner Bewegung zu besinnen. Denn nicht immer beherrschen jene Grundsätze, auf die es vertraut, friedlich jeder sein gesondertes Gebiet; der Hinweis auf die verschiedenen Folgerungen, die in Bezug auf die Gestaltung unseres Lebens aus den Grundsätzen der mechanischen Forschung und aus den Aussprüchen des Gewissens gezogen werden, macht an einem großen Beispiele deutlich, wie die Ansprüche verschiedener Wahrheitsquellen feindlich an demselben Gegenstande der Beurtheilung zusammenstoßen; aber auch auf theoretischem Gebiete allein fehlen ähnliche Veranlassungen zu dem Unternehmen nicht, dasjenige zum Gegenstand der Untersuchung zu machen, was dem lebendigen Denken und den einzelnen Wissenschaften als Princip der Untersuchung gilt. Diese große Aufgabe hat weder mit vollständigem Erfolg noch vollständig erfolglos die Philosophie aller Zeiten im Auge gehabt, und gewiß würde ihre ganze Auflösung identisch mit der Vollendung dieser Wissenschaft selbst sein; denn sie könnte nur darin bestehen, daß es gelungen wäre, einen zusammenhängenden Kreis höchster und zugleich inhaltvoller Wahrheiten festzustellen, aus dem alle anwendbaren Grundsätze unseres Untersuchens mit genauer Ausdeutung ihres wahren Sinnes und mit bestimmter Bezeichnung der Grenzen ihrer Gültigkeit ableitbar wären. Nicht diese umfassende Aufgabe, aber ein bescheidener Theil derselben soll den Gegenstand der letzten Erörterungen dieses Buches bilden. Nicht den Inhalt jener Grundsätze wollen wir suchen, sondern die Gründe, auf denen subjectiv ihre Gewißheit für uns beruht; nicht die Wahrheit, sondern die Kennzeichen, nach welchen wir sie anerkennen und unterscheiden; oder, wenn es bei den alten Benennungen bleiben soll: eine analytische Aufklärung über den Weg wollen wir anstreben, auf welchem wir zu Principien einer synthetischen Entwickelung gelangen können. Warum ich diesen Theil der Logik dem Erkennen zueigne, wird die weitere Erläuterung zeigen, deren diese vorläufige Bezeichnung unserer Aufgabe ohnehin bedarf; daß ich ihn Methodologie nenne, geschieht nicht ohne eingestandene etwas willkürliche Deutung dieses Namens. Fruchtbare Einzelmethoden entwickelt jede Wissenschaft und behandelt ähnliche Probleme nach ihnen; aber der allgemeinen Logik würden diese als specielle Kunstgriffe erscheinen, welche nicht sie, sondern eben jene

Wissenschaften zu lehren hätten. Allgemeine Methoden, eben die synthetische und die analytische, deren ich gedachte, erwähnt zwar die Logik; aber ihre Aufstellung ist ein ziemlich unfruchtbares Postulat, bis die Rechtsgründe klar sind, die uns überzeugen, durch die eine die Wahrheit gefunden zu haben, durch die andere sie in ihre Einzelfolgen entwickeln zu können. Die Erfüllung dieser letzten Aufgabe möchte ich hier die Methode nennen, nicht in dem Sinne eines allgemeinen Verfahrens, das man an tausendfältigen Beispielen zur Anwendung zu bringen hätte, sondern als einen einmal zurückzulegenden Gedankengang, als den Zwischenweg zwischen den verschiedenen Quellen, aus denen uns Gewißheiten von verschiedener Art zu fließen scheinen, unternommen zur Erkenntniß ihrer Zusammenhänge unter einander und der Grenzen ihrer Berechtigung.

Erstes Kapitel.

Vom Skepticismus.

302. Gesetze seines Verfahrens kommen dem Denken erst nach vielfältiger Ausübung seiner Thätigkeit durch eine vergleichende Reflexion zum Bewußtsein, die sich auf diese verschiedenen Beispiele seines Thuns zurückwendet und die unbewußt in ihnen befolgten Regeln zu gesonderten Gegenständen der Betrachtung macht. Noch späteren Ursprungs ist die Frage nach dem Grunde der Verbindlichkeit dieser Gesetze und nach den Grenzen, innerhalb deren ihre Befolgung Wahrheit der Erkenntniß verspricht; sie kann erst entstehen, wenn Erfahrungen von Irrthümern gemacht worden sind, zu denen nicht die Vernachlässigung, sondern die Anwendung jener Gesetze auf jeden vorkommenden Inhalt unseres Vorstellens verführt zu haben scheint. Mißlingen dann auch die zerstreut angestellten Versuche, entstandene Schwierigkeiten und Widersprüche durch bessere Deutung entweder dessen hinwegzuräumen, was uns Wahrheit schien, oder dessen, was wir als gegeben durch Wahrnehmung betrachteten, so bildet sich die Stimmung des umfassenden allgemeinen Zweifels, der Skepticismus. Vorübergehend und in größerer oder geringerer Nachhaltigkeit tritt diese Stimmung in der ernsten Entwicklung jedes Einzelnen auf; als normale Verfassung des Gemüths, die am Anfange der Wissenschaft alles überkommene Wissen als fragliches Vorurtheil ansehen und der Prüfung vorbehalten solle, ist sie in der Geschichte der Philosophie mehrmals mit großem Nachdruck verlangt worden; als bleibendes Ergebniß hat sie sich in den skeptischen Schulen verfestigt, die zu der Ueberzeugung von der Unmöglichkeit sicherer Erkenntniß gelangt zu sein glaubten. In dieser letzten Form, in welcher allein die skeptische Stimmung zu einem bestimmten Abschluß ge-

kommen zu sein meint, werden wir sie nicht so durchgängig von überkommenen Vorurtheilen frei finden, wie sie selbst sich zu sein rühmt; Eins aber ist vor allem klar: eine unbedingte Leugnung aller Wahrheit kann diese Endmeinung des Skepticismus niemals einschließen, denn nicht blos die Lösung des Zweifels, sondern der Zweifel selbst ist nur möglich unter Voraussetzung irgend einer anerkannten Wahrheit. Wer auf einen Ausweg aus dem Labyrinth der Skepsis zu irgend einer sicheren Erkenntniß hofft, gibt dies von selbst zu; denn finden kann er diesen Weg nur durch eine Untersuchung; jede Untersuchung aber ist nur möglich, wenn wir mindestens formale Grundsätze der Beurtheilung voraussetzen, nach denen die eine Verknüpfung von Gedanken als richtig von einer anderen als einer falschen oder von einer dritten zweifelhaften unterschieden werden kann. Und wieder, wer jenen Ausweg leugnet, erkennt leugnend selbst das an, was er verneint. Als die antike Sophistik lehrte, es gebe keine Wahrheit, und wenn es eine gäbe, so wäre sie nicht erkennbar, wenn sie endlich selbst erkennbar wäre, so würde sie doch nicht mittheilbar sein, — so widersprach sie durch die That jedem einzelnen dieser Sätze. Denn das Ganze derselben gab sie doch für Wahrheit und konnte mithin nicht jede Wahrheit leugnen; sie suchte die Richtigkeit ihrer Behauptungen ferner zu beweisen und mußte deshalb eben die mittelbare Erkenntniß der Wahrheit, deren Unmöglichkeit sie am liebsten dargethan hätte, zu ihren eigenen Gunsten voraussetzen; die Mittheilbarkeit endlich leugnete sie in dem Augenblicke, wo sie auf Grund derselben Andere überzeugen wollte. Diesen Widersprüchen entgehen auch diejenigen nicht, die in dem Ausdruck ihres Ergebnisses die Form der Behauptung scheuen und nicht die Nichtgeltung irgend einer Wahrheit aussprechen, sondern nur ihr non liquet auch auf diese allgemeine Frage anwenden möchten; gewiß können sie und wir mit ihnen diese Antwort oft geben, wo es sich um die Prüfung einzelner Behauptungen auf Grund gültiger Wahrheiten handelt; daß aber die Geltung aller Wahrheit zweifelhaft sei, läßt sich zwar mit Worten sagen, aber den Worten entspricht kein ausführbarer Gedanke mehr; wir könnten die Bedeutung jenes liquet nicht mehr angeben, das wir hier leugnen, wenn wir nicht gewisse Bedingungen dächten, unter denen es stattfinden würde, wenn wir also nicht irgend eine unbedingt gültige Wahrheit voraussetzten, aus der die Berechtigung flösse, über dasjenige zweifelhaft zu sein, dessen Uebereinstimmung mit ihr nicht nachweisbar ist. Aber nicht nur jeder Abschluß der Skepsis durch irgend eine Behauptung, sondern auch der Zweifel selbst als Thatsache ist unmöglich ohne diese Voraussetzung, unmöglich wenigstens in dem Sinne, in welchem allein wir hier von ihm zu sprechen haben; denn Ungewißheit freilich würde es dann, wenn keine Wahrheit Nothwendiges und Nichtnothwendiges unterscheiden lehrte, nicht zuweilen, sondern, in Bezug auf Zukünftiges wenigstens, immer geben, dafür aber auch nie Veranlassung zu der zweifelnden Frage, ob ein Gegebenes einem Maßstab entspreche, dem zu entsprechen oder nicht zu entsprechen nur dann einen Unterschied macht, wenn er als Maßstab als Bedingung als Wahrheit anerkannt ist. Wie ausgedehnt daher auch immer die Ansprüche des Skepticismus sein mögen: er kann dennoch nicht nur die Anerkennung einer an sich gültigen Wahrheit, sondern auch die Voraussetzung nicht los werden, menschliches Denken besitze Grundsätze, nach denen es wenigstens die Unnachweisbarkeit der Uebereinstimmung gegebener Vorstellungen mit dieser Wahrheit zu beurtheilen vermöge.

303. Bis zu diesem Zugeständnisse nun läßt die skeptische Stimmung sich leicht treiben; sie wird einräumen, von der Anerkennung einer an sich gültigen Wahrheit durchdrungen zu sein, und zugeben, daß denknothwendige Gesetze unser Untersuchen und Zweifeln beherrschen; aber darüber ist sie bekümmert, ob diese beiden Glieder zusammenpassen. Eben weil wir wissen, daß es eine Wahrheit geben *muß*, und hierdurch zugleich wissen, daß es einen Irrthum geben *kann*, wie werden wir gewiß, ob nicht auch jene denknothwendigen Gesetze in unserem Geist dieser Seite des Irrthums angehören, ob also nicht Alles an sich ganz anders sei, als es uns denknothwendig *scheinen* muß zu sein? Es ist klar, daß diese Skepsis, die zum Zweifel nicht durch einen positiven Grund getrieben wird, der in der Natur des bezweifelten Inhalts läge, die vielmehr die allgemeine *Möglichkeit* Zweifel zu erheben für einen Rechtsgrund ihrer wirklichen Erhebung ansieht, niemals eine demonstrative Widerlegung zulassen kann. Denn jeder Grund, den man gegen sie in das Feld führen kann, wird sich nur auf die Evidenz und Nothwendigkeit stützen können, mit welcher er selbst gedacht wird, und gehört also mit zu dem Bereich des Denk-

nothwendigen, in Bezug auf welches jene öde Frage, ob nicht dennoch Alles ganz anders sei, ins Unendliche wiederholt werden kann. Auch diese Frage ist in der Geschichte der Philosophie mehrmals aufgestellt worden; noch am Anfange der Neuzeit hat Descartes, nachdem er von dem Vorhandensein einer unserem Geiste angeborenen denknothwendigen Ideenfülle sich überzeugt zu haben glaubte, sie in der anschaulichen Gestalt der Vermuthung vorgetragen: ob nicht ein böser Dämon unsere Natur so eingerichtet haben könne, daß alle unsere Gedanken falsch sein und dennoch uns selbst als evidente denknothwendige Wahrheiten vorkommen müßten? Und diese Vermuthung meinte er nur widerlegen zu können durch den Hinweis darauf, daß auch die Vorstellung eines unbedingt vollkommenen heiligen Gottes unter jenen angeborenen Ideen vorhanden sei; aus sich selbst aber könne der endliche Geist nicht den Gedanken dessen erzeugt haben, was größer ist als er selbst, den Gedanken des Unendlichen; nur ein wirklicher heiliger Gott könne ihn in uns gelegt haben, diesem heiligen Gott aber widerspreche es, uns zu täuschen. Es ist ein Zug in dieser Beweisführung, der unsere Aufmerksamkeit reizen könnte: der hindurchblickende Gedanke, in unserer unmittelbaren Zuversicht zu der Bedeutung der sittlichen Idee liege zuletzt die Bürgschaft auch für die Wahrheit unserer Erkenntniß; aber so wie der Schlußsatz hier kurzer Hand Beides zusammenstellt, wird er allerdings Niemand überzeugen. Denn was läßt sich am Ende mit Grund den religiösen Auffassungen entgegenstellen, die auch von dem Glauben an einen heiligen Gott ausgehen, aber es mit seiner erziehenden Weisheit sehr wohl verträglich finden, daß er einen großen Theil der Wahrheit unserer menschlichen Erkenntniß ganz entzogen habe? Und wenn er nun nicht einen Theil, sondern alle Wahrheit uns versagt, dafür aber unsern Geist mit ihm denknothwendigen Einbildungen ausgestattet hätte, welches Recht hätten wir, mit dem tadelnden Namen einer Täuschung diese Versagung der Wahrheit und die Verleihung des Irrthums zu belegen, bevor wir nachgewiesen hätten, daß auf die Gewährung der ersten unser Geist ein Recht besitze, welches Gott nicht ohne Abbruch seiner eignen Heiligkeit unbeachtet lassen dürfte, und daß die Erkenntniß alles Seienden, wie es ist, die nothwendige Vorbedingung zu der Erfüllung der Zwecke sei, die wir den Absichten eben dieser Heiligkeit zutrauen? Diesen Beweis hat Descartes weder erbracht noch versucht; er überläßt sich in diesem Gedankengange sehr sorglos gewissen Annahmen, die bei der Beurtheilung des inneren Verkehrs der Menschen unter einander ihre beschränkte Berechtigung haben, aber zu grundlosen Vorurtheilen werden, wenn sie auf diese umfassendste Frage nach dem Sinne einer in endlichen Geistern sich offenbarenden Denknothwendigkeit angewandt werden; seine Erörterung würde uns wirklich nicht hindern anzunehmen, zwar nicht ein boshafter Dämon, aber eine gestaltende Macht überhaupt habe uns so gebildet, daß in der That Alles uns denknothwendig anders zu sein scheine als es ist. Zweierlei nun bleibt uns übrig. Wir können zuerst denjenigen, der dieser Annahme beizutreten geneigt ist, sich selbst überlassen, da wir die Unmöglichkeit seiner Widerlegung einsehen, so lange er sein Zweifeln nicht auf bestimmte Gründe stützt, die den Zweifel nothwendig machen, sondern nur auf die Möglichkeit, ihn stets ohne allen Grund zu wiederholen; dieser Neigung gegenüber würden wir uns wissenschaftlich auf einen Grundsatz des Selbstvertrauens der Vernunft zurückziehen, dem im Leben auch unser Gegner zu folgen nicht umhin kann und nicht verschmäht: wir würden Denknothwendiges so lange für wahr halten, bis es durch seine eigenen Folgerungen eine andere Aufklärung über sich gibt und selbst uns nöthigt, es für einen Schein zu erklären, der dann nicht schlechthin ungültiger Schein ist, sondern in einer angebbaren Beziehung zu der Wahrheit steht, welcher er nicht mehr gleicht. Dies Verhalten beobachtet man im Leben; denn so lange die Welt steht, ist jener grundlose Skepticismus zwar immer zuweilen wieder zum Vorschein gekommen; aber ebenso oft hat man ihm einfach den Rücken gekehrt. Einer wissenschaftlichen Betrachtung geziemt dies nicht ganz; der andere Weg scheint mir nützlicher, die innere Haltlosigkeit jener wunderlichen Bekümmerniß aufzudecken, ob nicht am Ende Alles an sich anders sei, als es uns denknothwendig scheinen müsse? Was heißt doch endlich dieses Ansich, oder dies Ansichsein von irgend Etwas, das wir unserer denknothwendigen Auffassung desselben Etwas entgegenstellen und das anders sein könnte als diese? Hierin liegt, wie wir jetzt ausführen wollen, ein Vorurtheil unserer zusammengesetzten Bildung, das unbesehen in diese Skepsis, die jedes Vorurtheil abgethan zu haben glaubt, übergegangen ist.

304. Wer über die Berechtigung und die Quellen seiner

Erkenntniß nachzudenken beginnt, findet sich zunächst in alle die Voraussetzungen verstrickt, die unbewußt im Laufe seiner Bildung auf Grund eigner Erlebniß oder durch Ueberlieferung ihm entstanden sind; denn die Anfangsstimmung des Geistes kann nicht der Zweifel, sondern nur das Zutrauen zu allen seinen Wahrnehmungen sein. Keine von jenen Voraussetzungen ist allgemeiner, als die Vorstellung einer unabhängigen Welt der Sachen, zu der wir alle gewohnt sind unsere Gedankenwelt in Gegensatz zu bringen. Irrthümer, welche uns innerhalb dieser Gedankenwelt begegnen, unterscheiden wir als leicht heilbare Schäden von dem befürchteten großen Irrthum, in welchem sich vielleicht die gesammte Folgerichtigkeit der Gedankenwelt gegenüber jener Welt der Sachen selbst befindet. Die zweifelnde Frage, ob nicht doch Alles anders sein könnte, als es uns scheinen muß, hat daher verständlichen Sinn zunächst nur unter der Voraussetzung, daß unser Erkennen zum Abbilden einer Sachenwelt bestimmt sei, und in der That hat man am häufigsten die Wahrheit, über deren Möglichkeit für uns man ungewiß ist, als die Uebereinstimmung unserer Erkenntnißbilder mit dem Verhalten der Sachen definirt, welches sie abzubilden behaupten. Das gewöhnliche Bewußtsein verläßt im Leben diesen Standpunkt nie; die Philosophie hat ihn öfters, im Verlaufe ihrer Untersuchungen und auf Grund von Erkenntnissen, die sie schon zu besitzen glaubte, aufgegeben; einer Skepsis aber, welche bei Erforschung der Möglichkeit unserer Erkenntniß allen Vorurtheilen entsagen wollte, war es zunächst Pflicht, nicht eine Definition der von ihr gesuchten Wahrheit stillschweigend beizubehalten, die auf das unerörterte Vorurtheil von dem Vorhandensein jener Außenwelt der Sachen gegründet ist. Bestreiten, daß diese Annahme ein Vorurtheil sei, könnte nur derjenige, der nie einen Zweifel erhöbe, sondern an der unmittelbaren Wahrnehmung sich so vollständig genügen ließe, daß sie ihm zugleich ein zwingendes Zeugniß für das Dasein und zugleich eine fehlerlose Offenbarung über die Natur dieser Außenwelt schiene; wer aber einmal an der Wahrheit einer Wahrnehmung zweifelt und dabei als selbstverständlich die Voraussetzung von dem Dasein der Sache festhält, der sie eigentlich entsprechen sollte, der kann zuerst seinen Zweifel nur erheben auf Grund gewisser ihm selbst denknothwendig erscheinenden Ueberzeugungen über die Natur jener Sache selbst, die ihm verbieten die gegebene Wahrnehmung als ihr wahres Abbild anzusehen; da ihm aber ferner die Sache selbst nun nicht mehr durch unmittelbare Wahrnehmung gegeben ist, so kann auch die Nöthigung, ihr Dasein überhaupt festzuhalten, nur auf dem Zwange einer ihm selbst angebornen Denknothwendigkeit beruhen, die ihn nöthigt, das mannigfache Wahrgenommene durch den Gedanken jenes Nichtwahrgenommenen zu ergänzen, um das Ganze seiner Vorstellungen in eine innerliche, den Gesetzen s e i n e s Denkens entsprechende Uebereinstimmung zu bringen. Unserem unmittelbaren Glauben nicht, wohl aber unserer wissenschaftlichen Rechtfertigung über unser Beharren bei der Annahme der Wirklichkeit jener Sachenwelt, liegt eine philosophische Erörterung dieser Gedanken zu Grunde, und die Systeme des Idealismus und des Realismus sind hierüber zu entgegengesetzten Ergebnissen gekommen. Diese umfassende Frage hier zur Entscheidung zu bringen, ist nicht im mindesten unsere Aufgabe; im Gegentheil ist unsere Absicht zu zeigen, daß sie methodologisch nicht in diesen Beginn erkenntnißtheoretischer Ueberlegungen hätte eingeflochten werden sollen. Ein und derselbe Gedanke ist zu diesem Zwecke in zwei Formen zu verfolgen; zuerst ist zu erinnern, daß jede Entscheidung über jene Frage die Anerkennung der Competenz des Denkens voraussetzt; dann ist zu zeigen, daß nie etwas Anderes als der Zusammenhang unserer Vorstellungen unter einander den Gegenstand unserer Untersuchungen ausmachen kann.

305. Wenige Worte genügen, um das Erste zu wiederholen. Jede Kritik unseres gesammten Erkenntnißvermögens P, unternommen in der Absicht, seine Uebereinstimmung mit der Natur von Dingen zu untersuchen, würde zur Entscheidung eine andere Quelle Q der Wahrheit voraussetzen, welche uns diese Natur unverfälscht kennen lehrte; denn nur Bekanntes mit Bekanntem können wir vergleichen, nicht Bekanntes mit Unbekanntem. Sei nun dieses Q uns gegeben, gleichviel ob in Gestalt einer umfassenden, unserem Geiste ursprünglich mitgetheilten Offenbarung oder in Gestalt einer Gewißheit, die uns in Bezug auf einzelne Fragen jedesmal in dem Augenblicke ihrer Aufwerfung plötzlich überkäme, wie werden wir es mit den Aussprüchen jenes P vergleichen, welches uns unsere Einzelvorstellungen nach bestimmten Gesetzen zu verknüpfen gebietet? Sind P und Q einstimmig, wodurch würden wir sie beide unterscheiden können, um die Ueberzeugung zu gewinnen, daß nicht nur unsere subjective Er-

kenntniß P hier zu Worte gekommen, sondern außerdem noch durch jene höhere objective Wahrheit Q bestätigt und in ihrer Uebereinstimmung mit den Dingen selbst bezeugt worden ist? Wir würden es gar nicht können, sondern der vereinigte Ausspruch beider würde genau denselben Zweifeln unterliegen, denen der von P allein ausgesetzt gewesen wäre. Wenn aber Q uns etwas anderes lehrte als P, wie würden wir den Streit entscheiden? Gesetzt auch, daß thatsächlich Q die Wahrheit und P den Irrthum lehrte, auf welche andere Weise könnte unser Glaube an diese höhere Berechtigung von Q erweckt werden als durch die größere unmittelbare Gewißheit, mit welcher sein Ausspruch gegenüber dem von P auftritt? Aber diese Gewißheit ist undenkbar, ohne daß Q mit eben derjenigen Wahrheit übereinstimmt, die das allgemeine Gesetz unserer subjectiven Erkenntnißfähigkeit P bildet; was dieser widerstreitet, würde, auch in unmittelbarer Wahrnehmung gegeben, uns stets für ein Räthsel, aber nicht für Offenbarung gelten. Bleiben daher Q und P einander entgegengesetzt, so erfahren wir nicht eine Widerlegung des P durch das höhere Recht des Q, sondern wir erleben einen inneren Widerstreit zwischen zwei Aeußerungen desselben unserem Geist eigenthümlichen Erkenntnißvermögens, einen Widerstreit, der entweder bei dem Mangel einer anrufbaren höheren Instanz niemals oder nur dadurch geschlichtet werden kann, daß eben dieses selbe Erkenntnißvermögen einen ihm selbst angehörigen höheren Gesichtspunkt auffindet, von welchem aus eine oder die andere jener entgegengesetzten Aeußerungen berichtigt und der nun blos scheinbare Widerspruch zwischen ihnen beseitigt wird. Auf das mithin, was uns denknothwendig ist, sind wir thatsächlich in jedem Falle beschränkt; das Selbstvertrauen der Vernunft, daß Wahrheit überhaupt durch Denken gefunden werden könne, ist die unvermeidliche Voraussetzung alles Untersuchens; welches der Inhalt der Wahrheit sei, kann immer nur durch eine Selbstbesinnung des Denkens gefunden werden, das seine einzelnen Erzeugnisse unablässig an dem Maßstabe der allgemeinen Gesetze seines Thuns mißt und prüft.

306. Ueber den hierin enthaltenen Cirkel bedenklich zu sein, ist nicht nur nutzlos, da seine Unvermeidlichkeit nun doch handgreiflich ist, sondern auch überflüssig, weil niemals, und dies ist das Andere, was wir zu zeigen haben, ein Augenblick kommen kann, welcher den in dunklem Argwohn von dorther befürchteten Schaden uns bemerkbar

werden ließe. Alles, was wir von der Außenwelt wissen, beruht auf den Vorstellungen von ihr, die in uns sind; es ist völlig gleichgültig zunächst, ob wir idealistisch das Vorhandensein jener Welt leugnen und nur unsere Vorstellungen von ihr als das Wirkliche betrachten, oder ob wir realistisch an dem Sein der Dinge außer uns festhalten und sie auf uns wirken lassen; auch in dem letzteren Falle gehen die Dinge doch nicht selbst in unsere Erkenntniß über, sondern nur Vorstellungen, die nicht Dinge sind, erwecken sie in uns. Die mannigfaltigen Vorstellungen in uns also, woher sie auch gekommen sein mögen, bilden das einzige unmittelbar Gegebene, von dem unsere Erkenntniß beginnen kann; in ihnen und in dem Verlauf ihres Wechsels und ihrer Verknüpfungen suchen wir eine gesetzliche Ordnung nach Anleitung der allgemeinen Grundsätze unseres Denkens auf, die uns bestimmen, was für Ordnung und Wahrheit, was für Widerspruch und Räthsel zu halten sei. So oft wir ein solches Gesetz entdeckt haben, nach welchem sich der Zusammenhang zweier bestimmten Vorstellungen B und F in uns allgemein und immer richtet, so oft haben wir ein Stück von dem erreicht, was wir Erkenntniß der Sache nennen; scheitern wir in der Bemühung, einen so beständigen Zusammenhang zwischen B und F aufzufinden, so liegt ein Räthsel vor, dessen Auflösung wir immer darin suchen, allgemeingültige Beziehungen zwischen B und einem andern Vorstellungsinhalt M, zwischen F und einem vierten N aufzusuchen, und dann zu zeigen, daß wegen eines veränderlichen Zusammenhanges, der zwischen M und N stattfindet, derjenige zwischen B und F nicht durch das versuchte einfache Gesetz, sondern nur durch ein anderes, das auf M und N Rücksicht nimmt, ausgedrückt werden kann. Zweifeln wir endlich daran, ob eine Relation, die wir zwischen zwei Vorstellungen B und F in uns gefunden haben, sachlich richtig sei, so heißt dies nie etwas anders als: wir zweifeln daran, ob allgemein und immer, so oft B und F in unserem Bewußtsein als Vorstellungen auftreten werden, zwischen ihren Inhalten dieselbe Relation stattfinden werde, die wir vorher aus nur einigen ihrer Wiederholungsfälle abstrahirt hatten. Was man aber mit der wiederholten Frage wolle, ob eine für unser Bewußtsein *immer* sich bestätigende Beziehung zwischen B und F auch *an sich* richtig sei, ist nur in einem Falle begreiflich: dann nämlich, wenn diese hier thatsächlich bestehende Beziehung den allgemeinen Voraussetzungen nicht gemäß ist, welche wir nach der eignen Nothwendigkeit unseres Denkens über alle Beziehungen des Mannigfaltigen überhaupt und so auch über diejenigen machen müssen, die wir uns als bestehend zwischen verschiedenen von uns unabhängigen realen Wesen denken wollen. Nicht dies Reale einer vorausgesetzten Außenwelt selbst tritt hier zwischen unsere Vorstellungen als ein Maßstab, an dem die Wahrheit dieser Vorstellungen zu messen wäre; sondern immer nur die uns nothwendige Vorstellung von dem möglichen Verhalten einer solchen Welt, wenn sie ist, also einer unserer eigenen Gedanken, ist das Maß, an dem wir die unmittelbar evidente oder einer Aufklärung bedürftige Wahrheit anderer Gedanken messen.

307. Es ist vielleicht überflüssig, vielleicht abei doch nützlich, diese einfache Ueberlegung noch von entgegengesetzter Seite her zu wiederholen, und zu fragen, wie es denn zugehen müsse, wenn wir irgend eine angebliche Erkenntniß Z als einen Irrthum erkennen sollen? Gesetzt, wir wüßten aus unseren Beobachtungen, daß zwischen wiederholt in uns entstehenden Vorstellungen B und F die unveränderliche Beziehung Z nicht stattfinde, diese Beziehung sich vielmehr ändere je nach den veränderlichen Verhältnissen, in denen B mit M und F mit N verbunden vorkomme; ein anderer unserer Mitmenschen aber lebe in einem Erfahrungskreise, in welchem ausschließlich die Bedingungen gelten, unter denen die Relation Z zwischen B und F stets bestehen muß: so wird für ihn weder je die Veranlassung zu einem Zweifel an Z kommen, noch wird der Glaube an Z den Zusammenhang seiner übrigen Vorstellungswelt beeinträchtigen, so lange Z mit den allgemeinen Gesetzen seines Denkens verträglich ist. Allerdings wird die Voraussetzung, Z sei eine von weiteren Bedingungen unabhängige Relation zwischen B und F, es ihm sehr erschweren können, für die Verhältnisse anderer Bestandtheile U und W seines Erfahrungskreises ein einfaches Gesetz zu finden, das er finden würde, wenn er die Abhängigkeit des Z von Bedingungen erkannt hätte, die auch das Verhältniß zwischen U und W mitbestimmen; aber so lange er seinen Glauben an Z nicht weiter als auf die Gegenstände seiner Vorstellungswelt ausdehnt, wird es ihm doch gelingen, das in dieser Zusammengehörige in einen wenn auch schwerfällig ausgedrückten Zusammenhang zu bringen. Wir nun, im Besitz der Beobachtungen, die ihm fehlen, sehen seinen Irrthum; ihn selbst aber

können wir von demselben nur dadurch überzeugen, daß wir ihn aus seinem beschränkteren Erfahrungskreise herausreißen und in einen weiteren versetzen; dann, wenn in ihm selbst neue Vorstellungsverknüpfungen entstehen, die von seinen früheren sich unterscheiden, wird er zugestehen, sich geirrt zu haben; und auch dann nur zugestehen, daß die Allgemeinheit falsch war, mit der er die Relation Z zwischen B und F dachte, während sie immer wahr bleibt, wenn die Bedingungen hinzugedacht werden, unter denen sie ihm unbewußt galt. Wie nun, wenn wir an die Stelle dieses einen in ungünstige Verhältnisse gebannten Beobachters die menschliche Vernunft überhaupt setzen und sie eingeschränkt in eine zusammenhängende Vorstellungsweise denken, die dem wahren Verhalten einer außer ihr befindlichen Sachenwelt nicht entspricht? Auf welche Weise wird der beständige Irrthum, in welchem wir uns dann alle befinden, zu unserer Kenntniß kommen und welchen Schaden wird unsere Erkenntniß von seinem Fortbestande haben? Sehen wir zunächst ab von der Belehrung, die uns ein Engel ertheilen könnte, so finden wir: die Sachen selbst sind es gewiß nicht, die sich plötzlich einmal selbst zwischen unsere Gedanken drängen und deren Falschheit aufdecken; käme auch die Welt der Dinge in ihrem selbständigen Verlauf einmal in neue Constellationen, die ganz schneidend den Auffassungen widersprächen, welche wir uns über sie gebildet hätten: merklich würde uns dieser Widerspruch immer nur dadurch, daß ihre Einwirkung auf uns jetzt Vorstellungen in uns erweckte, deren Verknüpfung den früher für sie angenommenen Regeln nicht mehr folgt. Dann haben wir einen jener inneren Irrthümer begangen, deren Vorkommen wir natürlich zugestehen; wir haben die veränderliche Welt der Vorstellungen in uns, das einzige Material, das unserem Erkenntnißbestreben vorliegt, falsch interpretirt; wir erkennen jetzt, daß wir zugelernt haben und daß der Satz Z die früher von ihm geglaubte Allgemeingültigkeit nicht besitzt, aber auch, daß er zu gelten fortfährt, wenn die jetzt bekannt gewordenen Bedingungen seiner Gültigkeit zu ihm hinzugedacht werden. Und da nun die Allgemeingültigkeit des Z ein Irrthum ist, so ist auch die so beschränkte Gültigkeit des Z eine Wahrheit, und wir lernen einsehen: weil Irrthum uns zuletzt immer nur durch einen inneren Widerstreit in unserer eigenen Vorstellungswelt bemerkbar werden kann, so besteht auch das Erkennen der

Wahrheit nur in der Auffindung von Gesetzen, nach denen dieser innere Zusammenhang unserer Vorstellungswelt sich immer richten wird, wie unendlich wir auch ihren veränderlichen Lauf fortgesetzt denken mögen. Gewiß ist diese Auffindung ein unvollendbares Unternehmen und wir haben die ganze Wahrheit nicht, sondern wir suchen sie; so oft wir indessen eine frühere Ueberzeugung Z auf Veranlassung neuer Erfahrungen in unserer Vorstellungswelt berichtigen, haben wir zwar noch nicht die volle Wahrheit erreicht, aber diejenigen Irrthümer aufgehoben, die ohne diese Berichtigung fortgedauert hätten.

308. Ich müßte mich sehr täuschen, oder diese Erörterung wird Niemand genügen. So bleiben wir dennoch, wird man einwerfen, wenn wir auch innere Widersprüche in uns tilgen, in den umfassenden Irrthum unseres ganzen in sich verwachsenen Vorstellens eingeschlossen und sehen nie die Wahrheit an sich, sondern nur was uns Wahrheit scheinen muß. Rufen wir denn jetzt jenen Engel zu Hülfe, der aus seiner reinen Atmosphäre herab die Dinge schaut, wie sie sind. Wie sehr, bilden wir uns ein, würden wir erschrecken, wenn plötzlich durch ihn der Schleier vor unsern Augen gelüftet würde, und wir nun sähen, wie Alles ganz anders ist, als wir uns es vorgestellt hatten! In der That, einen sehr freudigen Schrecken würden wir empfinden, wenn dieser Augenblick uns offenbarte, wie dieselben inhaltvollen Vorstellungen, die wir früher hatten, durch einfache uns verborgen gebliebene Mittelglieder nach denselben Gesetzen, nach denen unser Denken sich früher bewegte, lückenlos und ohne Widerspruch begreiflich würden. Aber auch nur unter dieser Bedingung. Wäre es eine ganz neue Welt, die uns jetzt aufginge, ohne Aehnlichkeit und Zusammenhang mit der, in der wir früher lebten, so würden wir ja nicht sehen, daß Alles anders sei, als wir dachten; denn damit meinten wir ja, daß eben dasjenige alles anders sei, was wir dachten; das ganz neue Schauspiel, das keine Vergleichung mit dem vorigen zuließe, würde, aus dem Grunde wenigstens, den wir hier im Sinne hatten, uns weder freudig noch ängstlich erschrecken; selbst überraschen könnte es nur durch Gegensatz, also doch durch Beziehung auf den Inhalt unseres früheren Irrens. Aber auch wir, die nun Sehenden, müßten dieselben sein, die wir früher blind waren. Hätte jener Offenbarungsaugenblick auch die Gesetze unsers Denkens umgewandelt und die Bedingungen verändert, die für uns

Wahrheit und Irrthum unterschieden, so würden wir zwar, wenn die neueröffnete Welt diesen neuen Bedingungen der Wahrheit durchgängig entspräche, keinen Anlaß haben, irgend einen einzelnen Bestandtheil derselben in Zweifel zu ziehen; aber was sollte uns vor dem allgemeinen Zweifel schützen, ob nicht auch diese in sich zusammenstimmende neue Vorstellungswelt die wahre Natur der Dinge verfehle, und ob nicht an sich wieder Alles anders sei, als auch sie uns Alles erscheinen lasse? Will man diesen Zweifel dadurch ausschließen, daß nach unserer eigenen Voraussetzung ja eben die Wahrheit der Dinge selbst es sei, die den Inhalt der neuen Anschauungen ausmache? Aber es würde ja, um die Möglichkeit des Zweifels auszuschließen, nicht die Thatsache hinreichen, daß unsere Abbildung der Dinge die richtige sei; wir müßten auch Mittel haben, um sie mit Gewißheit für die richtige zu erkennen. Dies Mittel besitzen wir nun in Bezug auf einzelne Bestandtheile unserer Erkenntniß; ihre Richtigkeit können wir daran ermessen, daß sie nach den allgemeinen Gesetzen unseres Denkens beurtheilt im Einklang mit allen übrigen Bestandtheilen derselben Erkenntniß sind; das Ganze unserer Vorstellungswelt können wir in Bezug auf seine Wahrheit nicht durch Vergleichung mit einer Realität beurtheilen, welche, so lange sie nicht erkannt wird, für uns nicht vorhanden ist, sobald sie aber vorgestellt wird, denselben Zweifeln unterliegt, welche allen andern Vorstellungen als solchen gelten. Und endlich, die Thatsache selbst ist ja unmöglich und sinnlos, die wir oben noch zugaben; was kann es heißen, daß jenes höhere Anschauen Vorstellen oder Erkennen die Sache selbst gebe, wie sie ist? Wie hoch wir auch die Einsicht vollkommnerer Wesen über die unsere erheben mögen: so lange wir noch etwas irgend Verständliches unter ihr denken wollen, wird sie doch immer unter einen dieser Begriffe des Wissens Anschauens Erkennens fallen, d. h. sie wird nie die Sache selbst, sondern immer ein Ganzes von Vorstellungen über die Sache sein. Nichts ist einfacher als die Ueberzeugung, daß jeder erkennende Geist Alles nur so zu Gesicht bekommen kann, wie es für ihn aussieht, wenn er es sieht, aber nicht so wie es aussieht, wenn es Niemand sieht; wer eine Erkenntniß verlangt, welche mehr als ein lückenlos in sich zusammenhängendes Ganze von Vorstellungen über die Sache wäre, welche vielmehr diese Sache selbst erschöpfte, der verlangt keine Erkenntniß mehr, sondern etwas völlig

Unverständliches. Man kann nicht einmal sagen, er wünsche die Dinge nicht zu erkennen, sondern geradezu sie selber zu sein; er würde vielmehr auch so sein Ziel nicht erreichen; könnte er es dahin bringen, das Metall etwa selbst zu sein, dessen Erkenntniß durch Vorstellungen ihm nicht genügt, nun so würde er es zwar sein, aber um so weniger sich, als nunmehriges Metall, erkennen; beseelte aber eine höhere Macht ihn wieder, während er Metall bliebe, so würde er auch als dies Metall sich gerade nur so erkennen, wie er sich selbst in seinen Vorstellungen vorkommen würde, aber nicht so, wie er dann Metall wäre, wenn er sich nicht vorstellte.

309. Warum sollte, in diesen grundlegenden Fragen, die Weitläufigkeit zu schelten sein, die ich mir gestattet habe? Ihr Ertrag ist freilich gering. Wir haben uns überzeugt, daß das veränderliche Ganze unserer Vorstellungen der einzige uns gegebene Stoff unserer Arbeit ist; daß Wahrheit und ihre Erkenntniß nur in allgemeinen Gesetzen des Zusammenhangs besteht, die sich an einer bestimmten Mehrheit von Vorstellungen ausnahmslos so oft bestätigt finden, als diese Vorstellungen wiederholt in unserem Bewußtsein auftreten; daß in dem weiteren Verlauf der Gedanken, die solche Wahrheiten suchen, sich uns nothwendig, ebenfalls unserer Vorstellungswelt angehörig, der Gegensatz zwischen unseren Vorstellungen und Gegenständen ausbildet, auf welche wir sie gerichtet glauben; daß die Frage über die Wahrheit dieses Gegensatzes und über die Bedeutung, die je nach ihrer Beantwortung unseren Vorstellungen zukommen kann, eine Frage der Metaphysik, ganz mit Unrecht in diesen Anfang erkenntniß-theoretischer Untersuchungen verwickelt wird; daß wir zwar in Bezug auf einzelne unserer Gedanken zweifeln können an der Möglichkeit, sie mit allem andern Inhalt unseres Bewußtseins in Einklang zu bringen und daß dieser auf bestimmten Gründen beruhende Zweifel auch den Versuch seiner allmählichen Widerlegung zuläßt; daß dagegen eine Skepsis, welche befürchtet, es könne Alles anders sein, als es scheinen muß, ein in sich widersprechendes Beginnen ist, weil sie stillschweigend voraussetzt, es könne überhaupt ein Erkennen geben, welches die Dinge nicht erkennte, sondern sie wäre, und dann nur zweifelt, ob unserem Erkennen diese unmögliche Vortrefflichkeit beschieden sei; daß endlich, auch wenn man diese unzulässige Beziehung der Vorstellungswelt auf eine ihr fremde Welt der Objecte

fallen läßt, dennoch eine Untersuchung übrig bleibt, welche innerhalb der Vorstellungswelt die festen Punkte, die ersten Gewißheiten aufzufinden strebt, von denen aus die veränderliche Menge der übrigen Vorstellungen annähernd in gesetzlichen Zusammenhang zu bringen gelingen kann. Ich werde verschiedene Gelegenheiten haben und benutzen, diese Auffassungsweise zu verdeutlichen; ich werfe zunächst einen Blick auf die Verfahrungsweisen der Skepsis, deren verschiedene Wendungen das Alterthum im Ganzen mit mehr Vollständigkeit verfolgt hat, als die neuere Zeit, die für viele derselben ein lebhaftes Interesse nicht mehr haben kann.

310. Sextus Empiricus hat uns zusammengefaßt hinterlassen, was der antike Skepticismus vor ihm erarbeitet hatte. Die sinnlichen Wahrnehmungen, die Gefühle der Lust und Unlust, die wir leiden, leugnet auch der Skeptiker nicht; sie drängen sich ihm mit Nothwendigkeit auf und hängen nicht von seinem Urtheil ab; aber alles, was ihnen, den Phänomenen, als Noumenon gegenübersteht, als ein Gedanke, der, in der Erscheinung selbst nicht gegeben, den Inhalt der Wahrnehmung in eine innere Verknüpfung bringen möchte, alles dies ist dem Zweifel unterworfen, und jeder in diesem Sinne gewagten Behauptung läßt sich mit gleichem Rechte eine andere ihr widerstreitende entgegensetzen; nichts bleibt daher dem Weisen übrig, als sich jeder Bejahung oder Verneinung der einen oder der andern zu enthalten und in dieser Suspension des Urtheils die Seelenruhe zu finden, die er vergeblich sucht, so lange er zwischen verschiedenen Annahmen glaubt entscheiden zu müssen. Aber die Skepsis, indem sie die Enthaltsamkeit vom Urtheil nicht blos als thatsächlichen Zustand ihrer Anhänger schildert, sondern mit Gründen sie als die einzig richtige Verfassung des Gemüths beweisen will, wird in diesem Anfange schon sich selbst untreu und setzt nicht blos, hier wenigstens, die Wahrheit der logischen Gesetze voraus, auf deren Macht sie die Triftigkeit ihrer Demonstrationen stützen muß, sondern um die Unmöglichkeit dogmatischer Entscheidung darzuthun, muß sie mancherlei Dogmen voraussetzen, die nie unter den Phänomenen vorkommen können, sondern immer aus ihnen durch eben die Schlußfolgerungen entstehen, deren Zulässigkeit bestritten werden soll. Die zehn Tropen oder Rechtsgründe des Zweifels, die Sextus zunächst anführt, laufen alle darauf hinaus, daß aus Empfindungen sich nicht ermitteln läßt,

wie der Gegenstand an sich selbst beschaffen ist, der sie erzeugt. Der erste Tropus macht auf die Verschiedenheit der thierischen Organisationen aufmerksam; indem er fortfährt: jedem Thiere müsse deshalb ein Gegenstand sinnlich anders erscheinen als dem andern, stützt er sich auf das Dogma, Ungleiches könne von Gleichem nicht auf gleiche Weise afficirt werden; nur durch diesen Schluß war jene Fortsetzung möglich; denn da wir uns in das Innere der Thiere nicht versetzen können, so ist die angebliche Verschiedenheit ihrer Sinnesempfindung eine erschlossene Behauptung, die durch keine unmittelbare Wahrnehmung bestätigt wird. Sie sagt außerdem zu viel; nichts beweist, daß die sichtbare Verschiedenheit der körperlichen Organisation von durchgängiger Bedeutung auch für die Empfindung ist, denn Niemand wird leicht glauben, daß die Katze um ihrer elliptischen Pupillenspalte willen die Raumwelt anders anschauen müßte als der Mensch mit seiner kreisförmigen. Der zweite Tropus wiederholt denselben Gedanken in Bezug auf die Menschen; auch sie sind verschieden organisirt; wollte man daher auch, ohne triftigen Grund, die menschliche Empfindung der thierischen als die richtige und der Sache selbst angemessene vorziehen, so scheitere doch an ihrer Verschiedenheit auch dieser Versuch; man kann daher nur sagen: dem einen erscheine die Sache so, dem andern anders; wie sie selbst ist, bleibt unentschieden. Zu gleichem Ergebniß führen die folgenden beiden Tropen; der dritte beruft sich auf die Verschiedenheit der Sinne; dem Auge ist der Honig gelb, der Zunge süß; vielleicht gibt es noch andere uns mangelnde Empfindungsweisen, denen er noch anders erschiene; wie er selbst ist, muß daher dahingestellt bleiben, denn kein Grund liegt vor, die Aussage des einen Sinnes für richtiger zu halten als die eines andern. Blieben wir aber selbst bei einem Sinne stehen, so zeigt doch der vierte Tropus, wie auch dessen Empfindungen veränderlich sind nach dem Lebensalter, dem Gesundheitszustand, nach Hunger und Sattheit Schlaf und Wachen; wie ein Ding unserem Sinne in jeder dieser Dispositionen erscheint, läßt sich sagen, aber nicht wie es an sich erscheinen würde für ein Subject, das sich in gar keiner von diesen veränderlichen Lagen befände. Diese vier Tropen bezogen sich auf die Natur des Beurtheilers; auf die der zu beurtheilenden Objecte die folgenden vier; der fünfte lehrt, daß Entfernungen und Lagen die Erscheinung desselben Dinges ändern; der sechste zeigt, daß kein Ding seinen Eindruck unvermischt mit den Eindrücken anderer in uns hervorbringe, der siebente, daß auch die Zusammensetzung scheinbare Eigenschaften erzeuge, die den einfachen Bestandtheilen fehlen, und andere aufhebe, die ihnen zukamen; immer lasse sich daher nur erzählen, wie Jedes unter diesen zusammengesetzten Bedingungen erscheine, nicht wie es an sich und einzeln und abgesehen von seinen verschiedenen Zuständen sei. Man kann die Beispiele zu diesen Tropen nicht ohne Verwunderung darüber lesen, daß sie der antiken Skepsis durchaus nur als Hindernisse wissenschaftlicher Erkenntniß erscheinen; der modernen Forschung sind sie sämmtlich zu Ausgangspunkten von Untersuchungen geworden; indem man sich nicht begnügte, summarisch über die Veränderlichkeit der Erscheinungen unter wechselnden Umständen zu klagen, sondern der Beobachtung die einzelnen Verknüpfungen abfragte, die zwischen einem dieser Umstände und einer bestimmten Aenderung der Erscheinung stattfinden, ist man zur Erkenntniß der allgemeinen Gesetze gelangt, welche dies mannigfaltig wechselnde Spiel der Ereignisse beherrschen. Wie freilich ein Ding an sich sei, wenn es unter gar keiner Bedingung des Erscheinens steht, haben wir dadurch nicht gelernt; aber daß diese Angabe widersinnig sei, wußte die antike Skepsis auch und drückte es in dem achten Tropus aus: Alles steht eben in irgend welchen Verhältnissen, wenn nicht zu andern Dingen, so doch jedesmal, wenn es erkannt werden soll, zu dem Erkennenden; wie es relationslos an sich selbst ist, bleibt daher unsagbar. Von geringerem Interesse für uns sind die beiden letzten Tropen; der neunte erinnert daran, daß unser Urtheil über Größe und Werth der Dinge durch ihre Seltenheit oder Häufigkeit, durch Gewohnheit und Contrast mitbedingt werde; der zehnte beruft sich auf die Verschiedenheit der Völkersitten, um zu zeigen, daß auch hier nur gesagt werden könne, was dem Einen oder dem Andern gut oder schlecht scheine, nicht was an sich gut oder schlecht sei.

311. Den weiteren Verlauf der Pyrrhonischen Hypotyposen des Sextus, aus deren erstem Buche das Angeführte stammt, lasse ich hier unbeachtet. Man wird sich überzeugt haben, daß bis hierher diese Skepsis die Geltung einer Wahrheit nicht leugnet; denn sie klagt ja eben darüber, sie nicht fassen zu können; nur das aber kann man suchen, dessen Wirklichkeit man glaubt. Auch zweifelt sie nicht

daran, daß in unseren Denkgesetzen die Bedingungen enthalten sind, durch deren Erfüllung allein ein Gedanke Wahrheit sein kann; unaufhörlich wiederholt sich das Bemühen, in vollständigen Disjunctionen die verschiedenen Fälle aufzuzählen, die auf Grund dieser Gesetze möglich sind und einander ausschließen; durch dieselbe Consequenz unseres Denkens sollten wir dahin geführt werden, die Enthaltung vom Urtheil als nothwendig anzuerkennen. Aber dies Verhalten allerdings erfährt nachträglich eine Berichtigung; die skeptische Schlußfolgerung befleißigt sich, auch sich selbst mit in die Ungewißheit einzuschließen, welche sie in der Form einer Behauptung vorher über alle unsere angebliche Erkenntniß verhängte. Die Wendungen sind mannigfach und seltsam, die hierzu gebraucht werden. Wenn der Skeptiker beweisführend zu seinem verneinenden Ergebniß komme, so lehre er auch da nichts, sondern erzähle nur, daß ihm, jetzt, in diesem Augenblicke seines Lebens, und in dem Zustande, in dem er sich befinde, die von ihm vorgetragene Meinung die richtige scheine; er bürge nicht dafür, daß sie ihm selbst so in jedem anderen Augenblicke erscheinen werde; wenn er genöthigt sei, die Argumentation eines Andern als zwingend anzuerkennen, so könne er immer antworten: die Wahrheit Z, die dieser lehre, sei ja bis zu diesem Augenblicke unbekannt gewesen, habe aber doch, wenn sie Wahrheit sei, immer schon bestanden und gegolten; was versichere uns nun, daß nicht in späterer Zeit ein Dritter eine neue auch dies Z widerlegende Wahrheit entdecken und beweisen werde, die in diesem Augenblicke, obwohl sie bereits gelte, doch weder bekannt sei noch begriffen oder bewiesen werden könne? Diese Fragen sind unabhängig von der Beziehung unserer Erkenntniß auf einen ihr jenseitigen Gegenstand; sie betreffen allgemein den Grund unserer Gewißheit und das Recht zu dem Zutrauen, welches wir der Wahrheit eines in uns enthaltenen Gedankens schenken; in dieser Hinsicht behalten wir sie Späterem vor. Im Uebrigen aber waren die Darstellungen des Sextus in ein Vorurtheil und in einen Irrthum verwickelt: in das Vorurtheil von dem Vorhandensein jener Welt an sich, zu der das Erkennen in Gegensatz gestellt wurde; dies Vorurtheil kann richtig oder falsch sein, aber es ist hier unentscheidbar; in den Irrthum ferner, die Vorstellung eines Erkennens, welches die Dinge faßt, nicht wie sie erkannt werden, sondern wie sie sind, bedeute noch irgend etwas Verständliches, über dessen Besitz oder Nichtbesitz ein Streit geführt werden könne; hierüber ist vielmehr das Denken völlig mit sich selbst einig, daß Alles, was Erkennen heißt, Dinge nur vorstellen, aber nicht sie selbst sein kann.

312. Man wird geneigt sein, diesen Satz in der Form: daß wir nur Erscheinungen, nicht das Wesen der Dinge selbst erkennen, als die erste Wahrheit jeder Erkenntnißtheorie auszusprechen und anzuerkennen; ich scheue diese Form, weil sie immer noch ein Vorurtheil enthält, das ich aufgegeben wünschte. Dies zwar, daß die kategorische Gestalt des Satzes eben das Vorhandensein jener Dinge voraussetzt, würde durch Umwandlung in hypothetische sich beseitigen: wenn Dinge sind, so erkennt das Erkennen nur ihre Erscheinung, nicht ihr Wesen. Auch so aber enthält sichtlich der Satz den Nebengedanken einer verfehlten Bestimmung; jenes nur deutet an, daß unser Erkennen, eigentlich bestimmt, das Höhere, das Wesen der Dinge, zu erfassen, sich mit dem Schlechteren, der Erscheinung, begnügen müsse. Diese Werthvertheilung ist ein Vorurtheil; ein richtiges vielleicht, vielleicht ein unrichtiges, je nachdem der weitere Fortschritt der Wissenschaft entscheiden wird, den wir hier nicht vorausnehmen können. Willkürlich erscheint es indessen schon hier, das Erkennen in die Stellung eines Mittels zu rücken, das seinem Zwecke, Dinge zu fassen wie sie sind, keineswegs entspreche; denkbar ist schon hier eine entgegengesetzte Ansicht, welche die Dinge als Mittel betrachtete, das ganze Schauspiel der Vorstellungswelt in uns hervorzubringen. So, wie sie sind, würden wir dann die Dinge nicht erkennen, aber wir würden darum keinen Zweck verfehlen; in den Erscheinungen, die sie uns geben, würde dann jenes Höhere und Werthvollere liegen, das wir mit dem Namen des Wesens zu bezeichnen suchten, und in der Auffindung des Sinnes, des Zusammenhangs und der Gesetze, welche diese innerliche Erscheinungswelt beherrschen, würde die Erkenntniß der Wahrheit nicht allein zwar, aber vorwiegend und mindestens ebenso sehr bestehen, als in der ängstlich gesuchten Einsicht in die uns und jeder vorstellenden Seele jenseitig bleibenden Mittel, durch welche der Ablauf der inneren Erscheinungen in uns hervorgebracht wird. Aber diese Ueberlegungen fortzusetzen, würde die Grenzen meiner Aufgabe überschreiten; ich wiederhole noch einmal, was ich unter diesen verstanden wünsche: lassen wir gänzlich den Gegensatz unserer Vor-

stellungswelt zu einer Welt der Dinge beiseit; sehen wir allein jene als den Stoff unserer Arbeit an; suchen wir zu ermitteln, wo innerhalb derselben die ursprünglichen festen Punkte der Gewißheit liegen, und wie es gelingen kann, andere Gedanken, die diese Eigenschaft nicht ebenso unmittelbar theilen, mittelbar ihrer theilhaft zu machen. Auf einigen Umwegen, die dennoch nicht Abwege sein werden, erreichen wir vielleicht hierüber Klarheit.

Zweites Kapitel.

Die Ideenwelt.

313. Die Lösbarkeit der Aufgabe, die wir uns stellten, hat schon das Alterthum wiederholt verneint. Daß Alles fließe, war die bekannte und doch in ihrem Sinne uns nicht ganz verständliche Lehre des Heraklit. Daß man sie in dem halbelegischen Tone einer Klage über die Schnelligkeit des Wechsels aufgefaßt, zeigt die Steigerung des Heraklitischen Spruches: nicht zweimal durchschreite man denselben Fluß; man könne es nicht einmal. Aber diesem anschaulichen Hinweis auf die Vergänglichkeit hätte die gewöhnlichste Erfahrung auch Beispiele unberechenbarer Dauer entgegen gehalten; ein philosophischer Sinn würde in solcher Weise die ersten nur haben verallgemeinern können, wenn er gegen den Augenschein bewiesen hätte, daß auch die zweiten einen langsamen Wechsel nur verhüllen, ihm aber nimmer unterworfen sind. Wir wissen nicht, in wie weit dies geschehen, und ob diese Speculation achtlos an dem Umstande vorübergegangen ist, daß eben die verschiedene Geschwindigkeit des Wechsels in das Spiel der Erscheinungen doch wieder einen fruchtbar zu benutzenden Gegensatz des relativ Festeren zu dem Vergänglicheren einführt. Daß ferner einer verändernden Einwirkung von außen her nichts völlig widersteht, Alles mithin verändert werden kann, ist eine zu einfach aus dem Leben zu schöpfende Ueberzeugung, als daß es einer Philosophie bedurft hätte, sie zu entdecken; dennoch bleibt zweifelhaft, in wie weit Heraklit darüber hinaus eine aus inneren Gründen fließende, von außen unveranlaßte Veränderung aller Dinge nur als Thatsache gelehrt, oder ob er die beständige Bewegung als die Möglichkeitsbedingung alles natürlichen Seins, ruhendes Gleichgewicht und Be-

harren dagegen für unmöglich gehalten hat. Manches mag es wahrscheinlich machen, ihm diese letztere Steigerung des Gedankens zuzutrauen; völlig gewiß entscheiden wir hierüber ebenso wenig, als über die wichtigere Frage, was denn eigentlich unter dem Allen zu verstehen sei, dem er diese unaufhörliche Veränderlichkeit zuschrieb. Unstreitig umfaßte dieser Ausdruck die Sinnendinge; denn nur in den wechselnden Combinationen ihrer Eigenschaften und Beziehungen lag der natürliche Ausgangspunkt dieser ganzen Ansicht; umfaßte er aber zugleich den Inhalt der Vorstellungen mit, durch den wir diese Sinnenwelt denken? sollte nicht blos alles Wirkliche, sondern auch alles Denkbare diesem ewigen Flusse unterliegen? Ich bezweifle, daß Heraklit diese letzte Meinung gehabt hat; würde doch die allgemeine Unbeständigkeit jeder Denkbestimmung überhaupt jede Untersuchung und Behauptung unmöglich machen; aber die lebhafte Schilderung, die von dem späteren Treiben der Heraklitischen Schule Platon in seinem Theätet entwirft, läßt uns annehmen, daß *sie* wenigstens kein Bedenken getragen hat, die Lehre ihres Meisters bis zu diesem Satze zu erweitern. Hieran schlossen sich die Bestrebungen der Sophisten; ich meine nicht diejenigen, die unter der Führung des Protagoras nur die subjective Geltung jeder Wahrnehmung für den anerkannten, der sie hat, sondern jene anderen, die in Eleatischer Dialektik geübt nachzuweisen versuchten, daß jeder Begriffsinhalt zugleich das bedeutet, was er meint, und zugleich das, was er nicht meint. Diesem Bestreben trat vornehmlich auf ethischem Gebiete, auf dem es seine verderblichsten Früchte erzeugte, der gesunde Wahrheitssinn des *Sokrates* entgegen und erinnerte daran, daß die Begriffe des Guten und des Bösen des Gerechten und des Ungerechten ihren eignen festen und unveränderlichen Sinn haben, den nicht das subjective Belieben bald so bald anders bestimmen könne, sondern dem als einer gegebenen und beständig mit sich identischen Bedeutung Jeder den Inhalt seiner dies Gebiet berührenden Vorstellungen lediglich unterzuordnen habe. In dieser Bestrebung mit seinem Lehrer einig, aber von vielseitigeren Beweggründen angetrieben, erweiterte *Platon* diese Ueberzeugungen zu seiner *Ideenlehre*, dem ersten und sehr eigenthümlichen Versuche, diejenige Wahrheit zu verwerthen, die unserer Vorstellungswelt innerhalb ihrer selbst und noch abgesehen von ihrer Uebereinstimmung mit einem vorausgesetzten jenseitigen

Wesen von Dingen angehört. Die philosophischen Bemühungen des Alterthums haben das Anziehende, ausführlich die Bewegungen Kämpfe und Irrthümer der Gedanken darzustellen, in welche jeder Einzelne noch jetzt im Laufe seiner Entwickelung verfällt, und die doch unsere gegenwärtige Bildung nicht mehr mit gleicher Geduld zu verfolgen und zu untersuchen pflegt. Ich gestatte mir deshalb, auf diese Lehre Platons von verschiedenen in unsere jetzige Betrachtung gehörigen Ausgangspunkten einzugehen.

314. Man übersetzt den Platonischen Ausdruck Idee durch Allgemeinbegriff, richtig insofern, als es nach Platon Ideen von Allem gibt, was sich in allgemeiner Gestalt, abgelöst von den Einzelwahrnehmungen, in denen es vorkommt, denken läßt. Dennoch ist es eigentlich erst für eine spätere Gedankenreihe, der wir noch begegnen werden, von Wichtigkeit, daß der ideell gefaßte Inhalt als ein Gemeinsames vieler Einzelinhalte, mithin als Allgemeines denkbar ist; wesentlich ist hier am Anfange nicht sowohl seine Ablösbarkeit von verschiedenen Einzelbeispielen, in denen er mitenthalten ist, als vielmehr seine Unterscheidung als eines an sich etwas bedeutenden Inhalts, den wir vorstellen, von einer bloßen Affection, die wir erleiden. In der letzteren Bedeutung hätte ihn die heraklitische oder pseudoheraklitische Lehre mit in den haltlosen Fluß ihrer Ereignisse verwickeln können, deren jedes nur ist in dem Augenblicke, in dem es geschieht, deren keines aber in der Welt eine bleibende Stätte oder Bedeutung hat, weil keines, nachdem es geschehen, sich jemals sich selbst gleich zu wiederholen braucht; die erste Auffassung dagegen objectivirte unsere Affection zu einem selbständigen Inhalt, der immer bedeutet, was er bedeutet, und dessen Beziehungen zu andern auch dann noch eine ewige immer gleiche Gültigkeit besitzen, wenn weder er selbst noch die anderen sich jemals in unserer wirklichen Wahrnehmung erneuern sollten. Wie ich dies meine, habe ich früher Veranlassung gehabt zu erörtern (S. 15ff.). In unserer Wahrnehmung ändern die Sinnendinge ihre Eigenschaften; aber während das Schwarze weiß wird und das Süße sauer, ist es doch nicht die Schwärze selbst, die in Weiße übergeht, und nicht die Süßigkeit wird zur Säure; jede dieser Eigenschaften vielmehr, ewig sich selbst gleich bleibend, tritt an diesem Dinge ihre Stelle einer andern ab, und die Begriffe, durch welche wir die Dinge denken, haben

nicht selbst an der Veränderlichkeit Theil, die wir, um ihres Wechsels willen, von den Dingen aussagen, deren Prädicate sie sind. Und selbst, wer dies leugnen wollte, würde es wider Willen bejahen; denn er könnte die Süße selbst nicht in Säure übergehen lassen, ohne diese beiden Zustände zu trennen und den ersten durch eine Vorstellung zu bestimmen, die ewig etwas Anderes bedeuten wird, als den zweiten, in den jener sich verwandelt habe. Es ist ein sehr einfacher und unscheinbarer, dennoch sehr wichtiger Gedanke, den Platon hier zuerst ausgesprochen hat. Immerhin mag unseren Sinn die beständige Veränderung der Außenwelt wie ein haltloser Wirbel verwirren: ohne eine hindurchgehende Wahrheit ist sie dennoch nicht; wie auch immer die Dinge wechselnd erscheinen mögen, das was sie in jedem Augenblicke sind, sind sie immer nur durch flüchtige Theilnahme an Begriffen, die selbst nicht flüchtig, sondern ewig sich selbst gleich und beständig, zusammengenommen ein unveränderliches Gedankensystem und den ersten würdigen und festen Gegenstand einer unwandelbaren Erkenntniß bilden. Denn auch davon überzeugten wir uns früher schon, daß nicht blos die abgeschlossene Einheit jedes Begriffsinhalts mit sich selbst, und nicht blos der gleichförmige Gegensatz gegen alles Andere, sondern auch die abgestuften Beziehungen der Aehnlichkeit und Verwandtschaft der verschiedenen mit zu dem Bestande dieser ersten unmittelbaren Erkenntniß gehören. Wenn das Weiße schwarz und das Süße sauer wird, wird es nicht nur anders überhaupt, sondern aus dem Bereich des einen Begriffes, an dem es Theil hatte, gleitet es über in den Bereich eines andern, der von dem ersten durch eine unveränderliche Weite des Gegensatzes getrennt ist, eine größere als diejenige, die zwischen dem Weißen und dem Gelben stattfindet; eine unvergleichbare mit der völligen Kluft, die zwischen dem Weißen und dem Sauren besteht.

315. Ich führe diese einfachen Beispiele noch einmal an, um an ihnen deutlich zu machen, wie es eine Erkenntniß geben kann, deren Wahrheit von der skeptischen Frage nach ihrer Uebereinstimmung mit einem ihr jenseitigen Wesen von Dingen gänzlich unabhängig ist. Hätte auch nur einmal der Lauf der Außenwelt uns in flüchtiger Erscheinung die Wahrnehmung zweier Farben oder Töne vorgeführt: unser Denken würde sie sogleich von diesem Zeitaugenblick trennen und sie und ihre Verwandtschaften

und Gegensätze als einen beharrenden Gegenstand innerer Anschauung verfestigen, gleichviel ob jemals die Wahrnehmung sie uns in wiederholter Wirklichkeit darböte oder nicht. Erführen wir ferner niemals, auf welche Weise diese Ideen als Prädicate an Dingen erscheinen können und worin das eigentlich bestehe, was wir die Theilnahme dieser an ihnen genannt haben, so bliebe zwar eine Frage unbeantwortet, die uns im Verlauf unseres Nachdenkens wichtig werden kann, aber ungestört bliebe uns doch die Gewißheit, daß die Reihe der Farben selbst, die Scala der Töne, gesetzlich zusammenhängende Ganze sind, und daß über die Beziehungen ihrer Glieder zu einander ewig gültige wahre Behauptungen ewig ungültigen falschen entgegengesetzt sind. Und endlich die Frage, ob nicht zuletzt doch die Farben an sich, die Töne an sich anders sind, als sie uns erscheinen, wird Niemand mehr aufwerfen wollen. Oder doch: man begegnet auch dieser Verirrung der Gedanken; eigentlich seien die Töne nur Schwingungen der Luft, Farben nur Erzitterungen des Aethers; nur uns erscheinen beide in Gestalt jener subjectiven Empfindungen. Es ist unnöthig, weitläufig zu wiederholen, daß diese Empfindungen nicht aufhören wirklich zu sein und nicht dadurch aus der Welt als etwas Unberechtigtes hinausgeschafft werden, daß man äußere ihnen unähnliche Ursachen entdeckt, welche für uns die Veranlassungen ihrer Entstehung sind; auch wenn dieselben Schwingungen äußerer Medien anders organisirten Wesen in der Form uns gänzlich unbekannter Empfindungsweisen erschienen, so würden doch die Farben und Töne, die w i r gesehen und gehört haben, nachdem wir sie einmal empfunden, einen für uns in Sicherheit gebrachten Schatz von an sich gültigem gesetzlich in sich zusammengehörigem Inhalt bilden. Was jene anderen Wesen empfinden, würde uns, was wir empfinden, ihnen unbekannt bleiben; aber dies hieße nur, daß nicht a l l e Wahrheit uns zu Theil wird, das aber, was uns zu Theil wird, besitzen wir als Wahrheit kraft der Identität jedes so angeschauten Inhalts mit sich selbst und der beständigen Gültigkeit derselben Beziehungen zwischen verschiedenen. So begreift man wohl, welche Bedeutung es hat, wenn Platon die Prädicate, die an den Außendingen in beständigem Wechsel vorkommen, zu einem festen und gegliederten Ganzen zu vereinigen suchte und in dieser Ideenwelt den ersten wahren Gegenstand sicherer Erkenntniß sah; denn die ewigen Beziehungen, die zwischen den einzelnen Ideen stattfinden, die einen miteinander verträglich machen, andere einander ausschließen lassen, bilden wenigstens die Grenzen, innerhalb deren das liegt, was in der Wahrnehmung möglich sein soll; was in ihr wirklich ist und wie Dinge es machen, um Ideen zu ihren Prädicaten zu haben, diese andere Frage erschien Platon nicht als die erste und wurde späterer Ueberlegung zurückgestellt.

316. Eine weitreichende Schwierigkeit knüpft sich an diese erste Betrachtung. Wie denken wir eigentlich von Farben, wenn sie von Niemand gesehen, oder von Tönen und ihren Unterschieden, wenn jene von Niemand gehört und diese von Niemand durch Vergleichung wahrgenommen werden? Sollen wir sagen, daß beide dann Nichts sind oder daß sie nicht sind, oder kommt ihnen auch dann noch ein schwerbestimmbares Prädicat, irgend eine Art des Seins oder der Wirklichkeit zu? Sie für Nichts zu halten, werden wir Anfangs nicht geneigt sein; denn eben, so lange wir sie, um diese Frage zu beantworten, in Gedanken festhalten, ist jede Farbe und jeder Ton ein bestimmter von andern sich unterscheidender Inhalt, ein Etwas mithin und nicht ein Nichts. Aber diese Entscheidung wird uns zweifelhaft durch die Antwort, die wir auf den zweiten Theil der Frage glauben geben zu müssen. Von Dingen meinen wir noch, unklar genug, zu wissen, worin ihr Sein auch dann noch besteht, wenn sie für Niemandes Erkenntniß Gegenstände, sondern rein für sich sind; was es aber heiße, daß ein Ton sei, wenn er von keinem Ohre gehört, und wenn auch die lautlose Vorstellung seines Klingens von keiner Seele erzeugt würde, wissen wir ebensowenig zu sagen, als wie ein Schmerz dann noch ist, wenn er Niemandem wehthut. Das aber was nicht ist, weder für sich noch in unserer Vorstellung, wie könnte es noch Etwas sein und sich von Anderem unterscheiden? Darauf zu antworten zögern wir dennoch; es liegt offenbar, ganz allgemein ausgedrückt, in jener ersten Entscheidung ein gewisses Element von Bejahung, das nicht ganz durch die Verneinung zu Grunde gehen darf, welche diese zweite ausspricht. Vielleicht scheint es uns eine Auskunft, die kategorische Form unseres zu fällenden Urtheils in eine hypothetische zu verwandeln: zwei ungehörte und unvorgestellte Töne sind nicht Etwas und stehen nicht in Verhältnissen, aber sie werden immer jeder Etwas und

von dem andern verschieden sein und in einem bestimmten Verhältnisse des Gegensatzes stehen, wenn sie gehört oder vorgestellt werden. Unmittelbar aber befriedigt uns auch dies nicht; denn immer, um nur vorstellen zu können, wie den Tönen a und b diese verschiedenen Schicksale des Nichtvorgestellt- und des Vorgestelltwerdens begegnen können, und wie dann, wenn sie vorgestellt werden, die Beziehung z, wenn aber andere vorgestellt werden, die Beziehung z^1 mitgedacht werden muß, scheinen wir doch genöthigt zu sein, ihnen auch dann, wenn sie nach unserer jetzigen Behauptung noch nicht wären, gleichwohl schon ein Sein und ein Etwassein zuzuschreiben und in diesem den Grund für ein späteres Sein und die bestimmte Gestalt ihrer dann eintretenden Beziehungen zu suchen. Diese spitzfindigen Erörterungen will ich so nicht fortsetzen, sondern biete zu ihrem Abschluß Folgendes an. Es gibt allerdings einen sehr allgemeinen Begriff von Bejahtheit oder Position, der uns in verschiedenen Untersuchungen begegnet, und zu dessen Bezeichnung die Sprachen, die nicht an den einfachsten Elementen des Denkens, sondern an sehr zusammengesetzten und concreten Vorstellungsinhalten sich zuerst geübt haben, einen abstracten Ausdruck von wünschenswerther Reinheit nicht zu besitzen pflegen. Aber es wäre nicht gutgethan, dafür einen Kunstausdruck zu schaffen, dessen Verständniß zweifelhaft bleibt, weil er Niemandem von Natur mundgerecht oder denkgerecht ist; führt doch auch der häufig dafür gebrauchte Name der Position durch seine etymologische Form den ganz ungehörigen Nebenbegriff einer Handlung oder Operation der Setzung mit sich, durch deren Ausführung jene zu bezeichnende Bejahtheit erzeugt würde. Man wird doch sich an die gewöhnliche Sprache halten und ein Wort wählen müssen, das im Gebrauche, annähernd mindestens und kenntlich, als Ausdruck des gesuchten Gedankens sich nachweisen läßt. Für deutsche Bezeichnung dient hierzu das Wort Wirklichkeit. Denn wirklich nennen wir ein Ding, welches ist, im Gegensatz zu einem andern, welches nicht ist; wirklich auch ein Ereigniß, welches geschieht oder geschehen ist, im Gegensatz zu dem, welches nicht geschieht; wirklich ein Verhältniß, welches besteht, im Gegensatze zu dem, welches nicht besteht; endlich wirklich wahr nennen wir einen Satz, welcher gilt, im Gegensatz zu dem, dessen Geltung noch fraglich ist. Dieser Sprachgebrauch ist verständlich; er zeigt, daß wir unter Wirklichkeit immer eine Bejahung denken, deren Sinn sich aber sehr verschieden gestaltet, je nach einer dieser verschiedenen Formen, die sie annimmt, deren eine sie annehmen muß, und deren keine auf die andere zurückführbar oder in ihr enthalten ist. Denn aus Sein läßt sich nie ein Geschehen machen, und die Wirklichkeit, welche den Dingen zukommt, nämlich zu sein, gebührt nie den Ereignissen; diese sind nie, aber sie geschehen; ein Satz aber ist weder, wie die Dinge, noch geschieht er, wie die Ereignisse; auch daß sein Inhalt bestehe wie ein Verhältniß, kann erst gesagt werden, wenn die Dinge sind, zwischen denen er eine Beziehung aussagt; an sich aber, und abgesehen von allen Anwendungen, die er erfahren kann, besteht seine Wirklichkeit darin, daß er gilt und daß sein Gegentheil nicht gilt. Mißverständnisse nun müssen immer entstehen, wenn wir einem Object unseres Nachdenkens, überzeugt, daß ihm irgend eine Wirklichkeit oder Bejahung zukommen müsse, doch nicht diejenige Art derselben, die seiner eigenthümlichen Natur zugehört, sondern eine andere beizulegen suchen, für die es nicht zugänglich ist; dann entsteht jener eben berührte Widerstreit zwischen der Ueberzeugung von der Richtigkeit einer Bejahung überhaupt und von der Unmöglichkeit der bestimmten, die man irrthümlich versucht. Den Vorstellungen, sofern wir sie haben und fassen, gebührt die Wirklichkeit in dem Sinne eines Ereignisses, sie geschehen in uns, denn als Aeußerungen einer vorstellenden Thätigkeit sind sie nie ein ruhendes Sein, sondern ein dauerndes Werden; ihr Inhalt aber, sofern wir ihn abgesondert betrachten von der vorstellenden Thätigkeit, die wir auf ihn richten, geschieht dann nicht mehr, aber er ist auch nicht so wie Dinge sind, sondern er gilt nur noch. Und endlich, was dieses Gelten heiße, muß man nicht wieder mit der Voraussetzung fragen, als ließe sich das, was damit verständlich gemeint ist, noch von etwas Anderem ableiten; als wäre es etwa möglich, Bedingungen anzugeben, unter deren Einwirkung entweder das Sein, welches den Dingen zukommt, so abgeschwächt und modificirt, oder das Geschehen, welches die vergängliche Wirklichkeit der Vorstellungen bildet, sofern sie Erregungen unseres Bewußtseins sind, so verfestigt und verselbständigt werden könnte, daß beide, von verschiedenen Seiten her, in diesen Begriff des Geltens übergingen, welcher von dem geltenden Inhalte ebensowohl die Wirklichkeit des Seins leugnet, als die Unabhängigkeit von unserem Denken behauptet. So wenig Jemand sagen kann, wie es gemacht wird, daß Etwas ist oder Etwas geschieht, ebenso wenig läßt sich angeben, wie es gemacht wird, daß eine Wahrheit *gelte*; man muß auch diesen Begriff als einen durchaus nur auf sich beruhenden Grundbegriff ansehen, von dem Jeder wissen kann, was er mit ihm meint, den wir aber nicht durch eine Construction aus Bestandtheilen erzeugen können, welche ihn selbst nicht bereits enthielten.

317. Von hier aus scheint mir Licht auf eine befremdliche Angabe zu fallen, die in der Geschichte der Philosophie überliefert wird: Platon habe den Ideen, zu deren Bewußtsein er sich erhoben, ein Dasein abgesondert von den Dingen, und doch, nach der Meinung derer, die ihn so verstanden, ähnlich dem Sein der Dinge, zugeschrieben. Es ist seltsam, wie friedlich die hergebrachte Bewunderung des Platonischen Tiefsinns sich damit verträgt, ihm eine so widersinnige Meinung zuzutrauen; man würde von jener zurückkommen müssen, wenn Platon wirklich diese gelehrt und nicht nur einen begreiflichen und verzeihlichen Anlaß zu einem so großen Mißverständniß gegeben hätte. Der Ausdruck philosophischer Gedanken ist von der Leistungsfähigkeit der gegebenen Sprache abhängig, und es ist kaum vermeidlich, zur Bezeichnung dessen, was man *meint*, Worte zu benutzen, welche diese eigentlich nur für Verwandtes, was man *nicht* meint, ausgeprägt hat, dann vorzüglich, wenn ein neues Gebiet eröffnet wird und die Dringlichkeit der Unterscheidung des Gemeinten von jenem Anderen noch wenig empfunden werden kann. Hierin scheint mir der Grund jenes Mißverständnisses zu liegen. Nichts sonst wollte Platon lehren, als was wir oben durchgingen: die Geltung von Wahrheiten, abgesehen davon, ob sie an irgend einem Gegenstande der Außenwelt, als *dessen* Art zu sein, sich bestätigen; die ewig sich selbst gleiche Bedeutung der Ideen, die immer sind, was sie sind, gleichviel ob es Dinge gibt, die durch Theilnahme an ihnen sie in dieser Außenwelt zur Erscheinung bringen, oder ob es Geister gibt, welche ihnen, indem sie sie denken, die Wirklichkeit eines sich ereignenden Seelenzustandes geben. Aber der griechischen Sprache fehlte damals und noch später ein Ausdruck für diesen Begriff des Geltens, der kein Sein einschließt; eben dieser des Seins trat allenthalben sehr häufig unschädlich, hier verhängnißvoll an seine Stelle. Jeder für das Denken faßbare Inhalt, wenn

man ihn als etwas mit sich Einiges von Anderem Verschiedenes und Abgeschlossenes betrachten wollte, Alles, wofür die Sprache der Schule später den nicht üblen Namen des Gedankendinges erfunden hat, war dem Griechen ein Seiendes, *ὄν* oder *οὐσία*; und wenn der Unterschied einer wirklich geltenden Wahrheit von einer angeblichen in Frage kam, so war auch jene ein *ὄντως ὄν*; anders als in dieser beständigen Vermischung mit der Wirklichkeit des Seins hat die Sprache des alten Griechenlands jene Wirklichkeit der bloßen Geltung niemals zu bezeichnen gewußt; unter dieser Vermischung hat auch der Ausdruck des Platonischen Gedankens gelitten.

318. Man überzeugt sich leicht, daß Alles, was von den Ideen gesagt wird, unter der Voraussetzung, die wir machten, sich als natürlich und nothwendig ergibt, und daß die verschiedenen Wendungen, die in der Darstellung ihres Wesens genommen werden, eben darauf hinauslaufen, den Begriff, zu dessen Bezeichnung ein einziger Ausdruck fehlte, durch viele einander zu Hülfe kommende und beschränkende zu erschöpfen. Ewig, weder entstehend noch vergehend (*ἀίδια, ἀγέννητα, ἀνώλεθρα*) mußten die Ideen genannt werden gegenüber dem Fluß des Heraklit, der auch ihren Sinn schien mit sich fortreißen zu sollen; die Wirklichkeit des Seins allerdings kommt ihnen bald zu bald nicht zu, je nachdem vergängliche Dinge sich mit ihnen schmücken oder nicht; die Wirklichkeit der Geltung aber, welche ihre eigne Weise der Wirklichkeit ist, bleibt unberührt von diesem Wechsel; diese Unabhängigkeit von aller Zeit, in Vergleichung gebracht mit dem, was in der Zeit entsteht und vergeht, konnte nicht wohl anders als durch das zeitliche und doch die Macht der Zeit negirende Prädicat der Ewigkeit ausgesprochen werden, ebenso wie wir das, was an sich nicht gälte und gelten könnte, an seinem Niemalsvorkommen in aller Zeit am leichtesten erkennen würden. Trennbar oder getrennt von den Dingen (*χωρὶς τῶν ὄντων*), heißen die Ideen zunächst begreiflich, weil das Bild (*εἶδος*) ihres Inhalts unserer Erinnerung vorstellbar bleibt, auch nachdem in der Wirklichkeit des Seins die Dinge verschwunden sind, durch deren Anregung es in uns entstanden war; dann aber, weil unter jenem Inhalt nur das verstanden war, was in allgemeiner Gestalt faßbar, in verschiedenen Erscheinungen der äußern Wirklichkeit sich selbst gleich vorkommt, und deshalb unabhängig ist von jedem

einzelnen Beispiele seiner sinnlichen Verwirklichung. Aber es war nicht die Meinung Platons, daß die Ideen nur von den Dingen unabhängig, dagegen in ihrer Weise der Wirklichkeit abhängig sein sollten von dem Geiste, welcher sie denkt; Wirklichkeit des Seins genießen sie freilich nur in dem Augenblicke, in welchem sie, als Gegenstände oder Erzeugnisse eines eben geschehenden Vorstellens, Bestandtheile dieser veränderlichen Welt des Seins und Geschehens werden; aber wir alle sind überzeugt, in diesem Augenblicke, in welchem wir den Inhalt einer Wahrheit denken, ihn nicht erst geschaffen, sondern nur ihn anerkannt zu haben; auch als wir ihn nicht dachten, galt er und wird gelten, abgetrennt von allem Seienden, von den Dingen sowohl als von uns, und gleichviel, ob er je in der Wirklichkeit des Seins eine erscheinende Anwendung findet oder in der Wirklichkeit des Gedachtwerdens zum Gegenstand einer Erkenntniß wird; so denken wir alle von der Wahrheit, sobald wir sie suchen und suchend vielleicht ihre Unzugänglichkeit für jede wenigstens menschliche Erkenntniß beklagen; auch die niemals vorgestellte gilt nicht minder, als der kleine Theil von ihr, der in unsere Gedanken eingeht. In etwas anderer Form, und gegen Protagoras, wird die selbständige Geltung der Ideen hervorgehoben, wenn sie als an sich seiend was sie sind (*αὐτὰ καθ' αὑτὰ ὄντα*) der Relativität entzogen werden, in die sie der berühmte Ausspruch dieses Sophisten verwickeln wollte. Zugegeben selbst, daß die Lehre desselben, auf sinnliche Empfindungen beschränkt, ihre gute Gültigkeit hat, und daß Platon sie in dieser Beziehung mißverständlich bekämpft, zugegeben also, daß jede sinnliche Empfindung für den, der sie hat, so gut eine Wahrheit ist, wie eine abweichende andere für den, der diese andere hat, so würde doch Platon mit Recht behaupten, weder der eine noch der andere könne diese oder jene Empfindung haben, ohne daß dasjenige, was er in ihr empfindet, Roth oder Blau Süß oder Bitter, ein an sich Etwas und immer dasselbe Etwas bedeutender Bestandtheil einer Welt von Ideen sei; sie bildet gleichsam den beständigen unerschöpflichen Vorrath, aus dem jedem Dinge der Außenwelt alle die noch so verschiedenen Prädicate, mit denen es sich wechselnd bekleidet, und ebenso jedem Geist die verschiedenen Zustände zugetheilt werden, die er soll erfahren können; unmöglich ist es dagegen, daß ein einzelnes Subject etwas empfinde oder vorstelle, dessen Inhalt nicht in dieser allgemeinen Welt des Denkbaren seine bestimmte Stelle, seine Verwandtschaften und Unterschiede gegen Anderes ein für allemal besäße, sondern eine zu dieser ganzen Welt beziehungslose, nirgends sonst heimische Sonderbarkeit dieses einen Subjects bliebe. Ist nun durch diese Ausdrücke für die selbständige Gültigkeit der Ideen gesorgt, so ist auch hinlänglich vorgebaut, daß diese Gültigkeit nicht mit der Wirklichkeit des Seins verwechselt werde, die nur einem beharrlichen Dinge zugeschrieben werden könnte. Wenn die Ideen in einem intelligiblen überhimmlischen Ort (*νοητὸς, ὑπερουράνιος τόπος*) ihre Heimat haben sollen, wenn sie anderseits ausdrücklich noch als nirgends wohnend bezeichnet werden, so ist für Jeden, der die Anschauungsweise des griechischen Alterthums versteht, vollkommen hinlänglich ausgedrückt, daß sie zu dem *nicht* gehören, was wir reale Welt nennen; was nicht im Raume ist, das *ist* für den Griechen nicht, und wenn Platon die Ideen in diese unräumliche Heimat verweist, so liegt darin nicht ein Versuch, ihre bloße Geltung zu irgend einer Art von seiender Wirklichkeit zu hypostasiren, sondern die deutliche Anstrengung, jeden solchen Versuch von vorn herein abzuwehren. Auch dies steht nicht entgegen, daß die Ideen als Einheiten (*ἑνάδες, μονάδες*) aufgeführt werden; denn keine Veranlassung liegt vor, diese Bezeichnung in dem Sinne atomistischer Vorstellungen sei es auf körperliche Untheilbarkeit, sei es auf eine der Persönlichkeit ähnliche Selbstheit zu deuten; vielmehr dem *Sinne* jeder Idee, und nicht jeder einfachen blos, sondern auch jeder zusammengesetzten, kommt es zu, durch Vereinigung des in ihm Zusammengehörigen und durch Ausschließung alles Fremden sich als Einheit zu beweisen. Dennoch aber, obgleich alle diese Aeußerungen darin übereinstimmen, daß Platon nur die ewige Gültigkeit der Ideen, niemals aber ihr Sein behauptete, dennoch blieb ihm auf die Frage: was sie denn seien, zuletzt nichts übrig, als sie doch wieder unter den Allgemeinbegriff der *οὐσία* zu bringen, und so war dem Mißverständniß eine Thür geöffnet, das seitdem sich fortgepflanzt hat, obschon man nie anzugeben wußte, was denn das eigentlich sei, *wozu* Platon durch die ihm Schuld gegebene Hypostase seine Ideen hypostasirt haben sollte.

319. Zweierlei scheint dieser Auffassung entgegenzustehen: zuerst der Gebrauch, den Platon von den Ideen zur Erklärung des Weltlaufs macht, in den sie nicht blos als

gültige Wahrheiten, sondern zugleich als wirkende Mächte eingreifen, ein Punkt, auf den ich später komme; dann aber das Verhalten des Aristoteles. Denn dieser ist es eigentlich, dessen bestimmte Versicherungen die Lehre von der Realität der Ideen als Dogma des Platon hingestellt haben, während Platons eigene Darstellungen der anderen Deutung, die wir vorzogen, sich nicht widersetzen. Es scheint unglaublich, daß der scharfsinnigste Schüler, durch den eignen Umgang mit dem Meister unterrichtet, die wahre Meinung desselben bis zu einem Mißverständniß von so großer Bedeutung sollte verfehlt haben. Dennoch sind wir durch die Art, wie er seine Polemik gegen die Ideenlehre überhaupt, nicht gegen bestimmte Sätze Platons führt, sowie durch manche Einzelheiten seiner Einwendungen zu der Annahme berechtigt, daß sein Schritt sich zum Theil gegen Mißverständnisse richtet, die frühzeitig in der Akademie eingerissen waren. Denn an Platon selbst konnte er nicht wohl die Aufforderung stellen, zu zeigen, wo die Ideen sind, nachdem dieser unumwunden gesagt hatte, daß sie nirgends sind; nicht gegen ihn konnte er einwenden, daß folgerichtig auch von Kunsterzeugnissen es Ideen geben müsse, denn ein Beispiel wenigstens, das dem beistimmt, enthalten die Bücher vom Staat, und wie wenig Platon die ganze hiermit angedeutete Schwierigkeit außer Acht gelassen, bezeugt der Anfang des Parmenides. Wenn endlich Aristoteles die Ideen für überflüssig hält, weil sie nur Gegenbilder der Einzeldinge seien, wenn überhaupt seine ausführliche Discussion häufig von der Annahme ausgeht, es gebe von jeder Idee so viele Exemplare, als Beispiele ihrer Anwendung in der Wirklichkeit vorkommen, so finden Einwürfe dieser Art ihr berechtigtes Ziel nicht in Platon selbst; daß jede Idee nur einmal vorhanden sei, daß sie nicht ein Einzelding, sondern ein Allgemeines vieler bedeute und daß alle ihre Erscheinungen nur Abbilder dieses ihres einheitlichen Wesens bilden, war Platons beständig wiederholte Meinung; unklar mochte es immerhin bleiben, worin jenes durch Nachahmung oder Theilnahme bezeichnete Verhalten der Einzeldinge besteht, durch welches diese der einen Idee eine unzählige Menge von Verwirklichungen im Sein verschaffen. Die ganze Auseinandersetzung, die das 12. (13.) Buch der Aristotelischen Metaphysik füllt und die Widersinnigkeit einer dinghaften Wirklichkeit der Ideen darzulegen sucht, kann ich daher um so weniger für eine Widerlegung der echten Platonischen

Ansicht halten, als schließlich Aristoteles selbst für die bessere, die er ihr gegenüberzustellen meint, einen entscheidenden und unzweideutigen Ausdruck ebensowenig findet. Ihm gilt nur das Einzelding als wahrhafte *οὐσία*, und gewiß werden wir ihm hierin beistimmen: nur dem Einzelding kommt die Form der Wirklichkeit zu, zu *sein*; aber für ihn wie für Platon ist gleichwohl der Gegenstand der Erkenntniß nur das *Allgemeine*; nicht nur, daß wir das Einzelne nicht zu erschöpfen im Stande sind, sondern auch, so weit wir unsere Untersuchung fruchtbar auf dasselbe richten, beurtheilen wir sein Wesen und sein Verhalten immer nach allgemeinen Grundsätzen. Von dem aber, was in keiner Weise ist oder Wirklichkeit hat, auch darin ist Aristoteles mit seinen Vorgängern einig, kann es auch keine Erkenntniß geben; es folgt mithin, daß auch das Allgemeine nicht schlechthin nicht ist, sondern gewissermaßen ist und gewissermaßen nicht ist. Was Aristoteles weiter hierüber verhandelt, verfolge ich nicht im Einzelnen; wenn er aber das Allgemeine oder die Idee nicht außerhalb, sondern in den Einzeldingen sein läßt, so erklärt er hiermit die Möglichkeit der Erkenntniß nicht; denn darum, weil die Idee in einem Einzeldinge ist, kann das, was hier aus ihr folgt, nicht auf ein anderes Einzelding übertragen werden, in dem sie gleichfalls angetroffen wird; Rechtsgrund zu einem Schlusse von dem einen Wirklichen auf das Verhalten eines andern kann sie nur werden, wenn sie an sich selbst eine Mehrheit von Beziehungspunkten so zusammenschließt, daß überall mit dem Vorkommen des einen auch die nothwendige Gegenwart der anderen verbunden sein muß. Und so würde sich auch Aristoteles kurzer Hand wieder dahin zurückgeführt sehen, daß allerdings die Idee *χωρὶς τῶν ὄντων* in gewisser Weise sei; in welcher Weise aber, dafür fehlt ihm der technische Ausdruck der Geltung ebenso wie seinem Lehrer; auch ihm ist ein Allgemeinbegriff oder eine Idee zuletzt zwar keine wahre *οὐσία*, aber doch eine *δευτέρα οὐσία*.

320. Wenn man sich nun verwundern wollte über die Thatsache, zwei der größten Philosophen des Alterthums mit nicht vollständigem Erfolg um Klarheit über einen so einfachen Unterschied ringen zu sehen, so würde man unbillig gegen beide sein; das Gewahrwerden der einfachsten Gedankenverhältnisse ist nicht die einfachste That des Denkens, und die ganze lange Geschichte der Philosophie

lehrt, wie wir alle in jedem Augenblick bereit sind, in der Anwendung uns derselben Unklarheit schuldig zu machen, die wir auf ihren einfachsten Ausdruck gebracht für unmöglich halten möchten. So oft man geglaubt hat, eine Gedankenbestimmung entdeckt zu haben, durch welche sich das Allgemeine der Bildung und Entwicklungsweise der erscheinenden Wirklichkeit darstellen zu lassen schien, ebenso oft ist man dazu übergegangen, sie über diese hinauf in ein reines Sein zu verselbständigen, gegen welches die Wirklichkeit der Einzeldinge als eine untergeordnete unwahre Form des Daseins zurücktrat. Ich brauche nicht einmal an die letzte Gestalt der deutschen Philosophie zu erinnern, die an die Stelle der Platonischen Ideen die eine unbedingte Idee meinte setzen zu können; auch in außerphilosophischen Gedankenkreisen kommt dieselbe Neigung sichtlich vor. Denn wie oft hören wir doch jetzt von ewigen unveränderlichen Naturgesetzen, denen alle veränderlichen Erscheinungen unterworfen sind; Gesetze, deren Erscheinung zwar aufhören würde, wenn es keine Dinge mehr gäbe, denen sie gebieten könnten, die aber auch dann noch fortfahren würden, ewig zu gelten, und in jedem Augenblick wieder in ihrer wirksamen Macht aufleben würden, wenn irgendwoher ein neuer Anwendungsgegenstand sich ihnen darböte; nicht einmal daran fehlt es, gelegentlich diese Gesetze als thronend *über* aller seienden Wirklichkeit dargestellt zu sehen, ganz in jenem überhimmlischen Orte, in dem Platon seine Ideen heimisch nannte. Dennoch würden diejenigen, die so sprechen, mit Entrüstung die Unterstellung abwehren, sie hätten diesen Gesetzen ein dinghaftes oder persönliches Sein außerhalb der Dinge zugeschrieben, die von ihnen regiert werden; mit gleichem Recht hat auch Platon sich dieser Mißdeutung zu erwehren. Und endlich muß ich hinzufügen, daß nun auch wir, wenn wir die den Ideen und Gesetzen zukommende Wirklichkeit als *Geltung* von der Wirklichkeit der Dinge als dem *Sein* unterscheiden, zunächst blos durch die Gunst unserer Sprache eine bequeme Bezeichnung gefunden haben, die uns vor Verwechselungen beider warnen kann; die Sache aber, die wir durch den Namen der Geltung bezeichnen, hat dadurch nichts von der Wunderbarkeit verloren, die den Antrieb zu ihrer Vermischung mit dem Sein enthielt. Wir sind blos, unseres Denkens uns wie einer natürlichen Fähigkeit arglos bedienend, seit lange daran gewöhnt und finden es nun selbstverständlich, daß der Inhalt mannigfacher Wahrnehmungen und Erscheinungen sich allgemeinen Gesichtspunkten fügen und naoh allgemeinen Gesetzen so behandeln lassen müsse, daß unsere hiernach im voraus gezogenen Folgerungen mit dem Fortgange jener Erscheinungen wieder zusammentreffen; aber daß dies so ist, daß es allgemeine Wahrheiten gibt, die nicht selber sind, wie die Dinge, und die doch das Verhalten der Dinge beherrschen, dies ist doch für den Sinn, der sich darein vertieft, ein Abgrund von Wunderbarkeit, dessen Dasein mit Staunen und Begeisterung entdeckt zu haben immer eine große philosophische That Platons bleibt, wie viele Fragen sie auch mag ungelöst gelassen haben.

321. Eine dieser Fragen ist die nach dem bestimmten Verhältnisse der Dinge zu den Ideen, das Platon als Theilnahme jener an diesen oder als Nachahmung bezeichnet. Ich erörtere sie jetzt noch nicht in ihrem ganzen Umfange; auf einen Mangel der Ideenlehre führt uns aber ein an sich nicht gerechter Vorwurf des Aristoteles. Unter den Gründen, die ihm diese Lehre überflüssig und nutzlos erscheinen lassen, hebt er mit Nachdruck hervor, daß sie keinen Anfang der Bewegung darbiete. So richtig dies an sich sein mag, so wenig kann es gegen die Ideenlehre beweisen, daß sie diese Aufgabe nicht erfüllt; sie erfüllt nur auch die andere nicht vollständig, die in ihrer eignen Absicht lag. Knüpfen wir an die Gegenwart an: unsere Naturgesetze, enthalten sie einen Anfang der Bewegung? Im Gegentheil: sie alle setzen voraus, daß eine Reihe von Daten gegeben sei, die sie selbst nicht feststellen können, aus denen aber, wenn sie gegeben sind, die Nothwendigkeit des inneren Zusammenhangs der nun folgenden Erscheinungen ableitbar ist. Kein Naturgesetz bestimmt, daß die Massen unseres Planetensystems sich überhaupt bewegen und daß ihr Lauf nach dieser und nicht nach einer andern Richtung des Himmels gehen oder daß die Beschleunigung, die sie einander durch ihre Anziehung ertheilen, diese Größe haben mußte, welche sie hat, und nicht eine andere; ist nun deswegen das System der mechanischen Wahrheiten nutzlos und ein leeres Gerede (κενολογεῖν), weil es alle diese Anfänge der Bewegung anderswoher erwartet und nur innerhalb der bereits wirklichen Bewegung jede einzelne Phase mit jeder andern nothwendig zu verbinden lehrt? Immerhin mag Platon die ersten Anstöße, von denen die Reihenfolge der Erscheinungen abhängt, in unklarer Weise, und doch am Ende nicht un-

klarer, als auch wir noch, in jene dunkle ὕλη verlegt haben, die ihm überhaupt das Gegebene versinnlicht, auf welches die Ideen Anwendung haben: dennoch, als er in der Ideenwelt die Muster sah, denen sich alles Seiende fügen muß, wenn Etwas ist, sprach er hiermit einen Gedanken aus, dessen Wichtigkeit Aristoteles unbillig übersieht; denn auch er würde später, in der Erklärung der einzelnen Erscheinungen, diesen Gedanken brauchen: auch er würde nicht zugeben können, daß die bewegende Ursache, welche den verwirklichenden Anstoß ertheilt, noch freie Hand darüber habe, zu bestimmen, was aus diesem Anstoße werden soll; darüber haben von Ewigkeit jene allgemeinen Gesetze entschieden, die gleichwohl den Antrieb zur Verwirklichung nicht geben. Aber dies allerdings müssen wir als Unvollkommenheit der Platonischen Ansicht anerkennen, daß sie eben diese ihre eigene Aufgabe nur halb löste. Gründe für den nothwendigen Zusammenhang zweier Inhalte müssen immer die logische Form eines Urtheils haben; sie können nicht in Gestalt einzelner Begriffe ausgesprochen werden, da keiner von diesen für sich eine Behauptung enthält. Gesetze daher, d. h. Sätze, welche eine Beziehung verschiedener Elemente ausdrücken, haben wir schon vorher als die Beispiele benutzt, an denen sich deutlich machen läßt, was gelten heißt im Gegensatz zum sein; nur mit halber Deutlichkeit läßt sich dieser Ausdruck auf einzelne Begriffe übertragen; von ihnen könnten wir nur sagen, daß sie etwas bedeuten; sie bedeuten aber dadurch etwas, daß von ihnen Sätze gelten, der z. B., daß jeder Begriffsinhalt sich selbst gleich und in unveränderlichen Verwandtschaften oder Gegensätzen zu andern enthalten sei. In der Form des isolirten Begriffs nun oder der Idee hat Platon ziemlich ausschließlich die Elemente der von ihm entdeckten Gedankenwelt aufgefaßt; schon der Gesammteindruck seiner Darstellungen macht merklich, wie sparsam im Vergleich hiermit allgemeine Sätze auftreten; sie fehlen keineswegs ganz, bilden vielmehr in einzelnen Fällen Gegenstände wichtiger Erörterungen; aber daß eben sie, in dieser Gestalt als Sätze, die wesentlichsten Bestandtheile der idealen Welt sein müßten, hat sich Platon doch nicht aufgedrängt. Diese Eigenthümlichkeit der Auffassungsweise ist nicht ohne spätere Beispiele. Noch Kant, als er die apriorischen Formen aufsuchte, die dem empirischen Inhalt unserer Wahrnehmungen die Einheit innerer Zusammengehörigkeit geben sollten, verfiel zuerst darauf, sie in Gestalt einzelner Begriffe, der Kategorien, zu entwickeln und zwar gerade aus den Formen der Urtheile selbst; als er sie dann zu haben glaubte, wurde um so deutlicher, daß nichts mit ihnen anzufangen war; nun folgte die Bemühung, aus ihnen wieder Urtheile, die Verstandesgrundsätze, zu gewinnen, von denen als Obersätzen zu den zweiten Prämissen, welche die Erfahrung liefert, eine wirkliche Anwendung möglich wurde. Diese Neigung, Wahrheiten, deren vollgültiger Ausdruck nur ein Satz sein kann, in die unzureichende Form eines einzelnen Begriffs zu bringen, scheint daher aller menschlichen Einbildungskraft, nicht blos der plastisch geschulten des alten Griechenlands, natürlich zu sein; es verdient immer im Vorbeigehen bemerkt zu werden, wie gefährlich sie ist, indem sie von dem vollen Thatbestand, dem die Untersuchung gilt, zu einem unfruchtbaren Spiel mit leeren von ihren zukömmlichen Unterlagen abgelösten Vorstellungen führt. Von alle dem nun, was wir hier verlangen, finden wir bei Platon sehr Weniges ausgeführt, und selbst das Bedürfniß der Ausführung nicht klar und vollständig anerkannt. Der allgemeine Gedanke allerdings, daß es nicht nur unzählige Ideen gebe, sondern alle zusammen ein gegliedertes Ganze bilden, ist die Seele seiner ganzen Darstellung, und mit Begeisterung schildert er den Genuß, den ihm seine dialektische Beschäftigung gewähre, den zusammengesetzten Inhalt der Vorstellungen mit Schonung seiner natürlichen Fugen in seine Elemente aufzulösen und aus ihnen wieder zusammenzusetzen; auch die verschiedenen Grade der Verträglichkeit und des Gegensatzes der Einzelideen und die möglichen Arten ihrer Verbindung erwähnt er als Gegenstände anzustellender Untersuchungen. Aber in den Beispielen wirklicher Anwendung, die er gibt, läuft doch diese Kunst der Dialektik ziemlich einförmig auf eine Classification der Ideen hinaus, die uns zeigt, an welche Stelle eines Eintheilungssystems jede gehört vermöge der Einzelbestandtheile, die sie in sich vereinigt, aber ohne daß aus dieser Ortbestimmung in Bezug auf irgend eine derselben eine Behauptung, ein Gewinn an Erkenntniß flösse, der ohne diesen classificatorischen Umweg unerreichbar gewesen wäre; was vielmehr von jeder gilt oder nicht gilt, wird man nachher ebenso wie vorher aus anderen Quellen erfahren müssen. Jene Fugen und Gelenke, die Platon nur schonen wollte, hätte er ernstlicher untersuchen müssen;

anstatt die Flora der Ideen systematisch zusammenzustellen, hätte der Gedanke sich auf die allgemeinen physiologischen Bedingungen richten sollen, die in jedem einzelnen dieser Gewächse Glied mit Glied zu einer möglichen Entwicklung verbinden. Oder ohne Bild gesprochen: nachdem das Dasein einer ewig gültigen inhaltvollen Ideenwelt mit Klarheit hervorgehoben war, blieb als nächste Aufgabe, die in ihrem Bau herrschende allgemeine Gesetzlichkeit zu erforschen, durch welche auch in ihr schon die einzelnen Bestandtheile allein zu einem Ganzen verbunden sein können: es handelte sich um die Frage, welches die ersten Grundsätze unseres Erkennens sind, denen wir die Mannigfaltigkeit der Ideen unterzuordnen haben. Diese bestimmtere Gestalt hat jetzt für uns die methodische Untersuchung der Wahrheit und ihres Ursprungs angenommen.

Drittes Kapitel.

Apriorismus und Empirismus.

322. Wenn innerhalb des Ganzen unserer Erkenntniß eine einzelne Ansicht uns zweifelhaft wird, so suchen wir Entscheidung in der Zergliederung der Veranlassungen, aus denen sie uns entsprungen ist; die Geschichte ihrer Entstehung soll uns lehren, ob sie Wahrheit ist, oder wie sie als Irrthum sich hat bilden müssen. So oft die Frage nach der Wahrheitsfähigkeit unserer Erkenntniß überhaupt in der Geschichte der Philosophie aufgetaucht ist, hat derselbe Weg zum Ziele zu führen geschienen: aus der Art, wie unsere Vorstellungen und Urtheile sich bilden, hat man über ihre Ansprüche auf den Namen von Wahrheiten entscheiden zu können geglaubt. Diese Ueberzeugung, welche Berücksichtigung verdient, da sie auch gegenwärtigen Richtungen philosophischer Untersuchung in großer Ausdehnung zu Grunde liegt, lenkt mich für den Augenblick von der Fortsetzung meiner Gedanken ab; ich muß zu zeigen versuchen, daß jene genetische Betrachtungsweise für den zweiten allgemeineren Fall die Vortheile nicht hat, welche sie für den ersten speciellen unzweifelhaft verspricht. Denn beide sind nicht von gleicher Art. So oft wir die Triftigkeit einer einzelnen Ansicht prüfen wollen, benutzen wir als Entscheidungsgrund den zugestandenen Besitz anderer Wahrheit, theils allgemeiner Sätze, mit denen übereinzustimmen allen andern obliegt, die uns gelten sollen, theils feststehender Thatsachen, denen die andern Thatsachen nicht widerstreiten dürfen, die jene zu prüfende Ansicht behauptet oder voraussetzt, endlich gewisser Regeln des Denkens, nach denen das, was aus gültigen Prämissen triftig folgt, von untriftigen Folgerungen unterschieden wird; es ist überall hier eine Wahrheit bereits vorhanden, die

auf das zu prüfende Gemeng unserer Gedanken wie ein Ferment wirkt, Entsprechendes sich assimilirt, Irriges ausstößt. Dieser gegebene und von dem Gegenstand der Frage unabhängige Maßstab fehlt uns in dem zweiten allgemeineren Falle. die Prüfung der Wahrheit unserer Erkenntniß im Ganzen ist unmöglich, ohne die zu prüfenden Grundsätze als Entscheidungsgründe aller Zweifel vorauszusetzen. Diesen Cirkel, nach welchem unsere Erkenntniß sich die Grenzen ihrer Competenz selbst zu bestimmen hat, haben wir als unvermeidlich kennen gelernt; aber man vermehrt die Schwierigkeit, wenn man nicht jene Grundsätze selbst, sondern eine unzergliederte Anwendung derselben, wenn man nämlich ausdrücklich die angebliche Einsicht in die Entstehung unserer Erkenntniß als jenen gewissen Bestandtheil betrachtet, von dem aus ihr übriges Gebiet in Besitz genommen werden könnte. Soll die Art der Entstehung über den Anspruch auf Wahrheit entscheiden, und zwar, wie es hier gewöhnlich gemeint wird, auf Wahrheit in Bezug auf ein dem Erkennen fremdes und jenseitiges Sein, so ist es unmöglich, einen Schritt zu thun, ohne speciellere Voraussetzungen über die Stellung zu machen, in welcher sich das erkennende Subject gegenüber jenen Gegenständen seines Erkennens befindet, und über die Art des Verhältnisses zwischen beiden, durch welches der Vorgang des Erkennens verwirklicht wird; denn nur die Kenntniß dieser Umstände könnte die Gefahren beurtheilen lehren, die der Bildung wahrer Vorstellungen hier entgegenstehen. Darum ist das Vorgeben, man wolle zunächst durch völlig unbefangene Beobachtung, ohne Einmischung fraglicher Verstandesgrundsätze, den Hergang der Erkenntniß kennen lernen, eine haltlose Täuschung; jeder Versuch zur Ausführung ist nothwendig voll von metaphysischen Voraussetzungen, aber von unzusammenhängenden und ungeprüften, weil man sie nur gelegentlich im Augenblick des Erklärungsbedürfnisses macht. Da mithin dieser Cirkel unvermeidlich ist, so muß man ihn reinlich begehen; man muß zuerst festzustellen versuchen, was Erkenntniß, ihrem allgemeinsten Begriff nach, bedeuten kann und welches Verhältniß zwischen einem erkennenden Subject und dem Object seiner Erkenntniß in Gemäßheit der noch allgemeineren Vorstellungen denkbar ist, nach welchen wir die Einwirkung jedes beliebigen Elementes auf jedes zweite zu denken haben. Diesem letzteren Gedanken, also einer metaphysischen Ueberzeugung, haben wir das Verhältniß zwischen Subject und Object des Erkennens unterzuordnen; nicht aber zuerst über dieses specielle Verhältniß einen zufälligen mehr oder minder probablen Einfall aufzustellen, um dann nach ihm über die Wahrheitsfähigkeit aller unserer Erkenntniß zu urtheilen. Ich lasse ganz unberücksichtigt die andere Frage, inwieweit es denn ausführbar sein möge, auch nur das Thatsächliche der allmählichen Entwicklung unserer ganzen Vorstellungswelt festzustellen; beobachtbar ist ihr Hergang nicht, denn jeder Beobachter hat ihn längst hinter sich. Mag nun in vielen Fällen auch das ausgebildete Bewußtsein sich noch des Weges erinnern, auf welchem es zu seinen jetzigen Vorstellungen gekommen ist, so wird man mir anderseits zugeben, daß in vielen andern Fällen diese angeblichen Beobachtungen nur ziemlich willkürliche Einfälle über die Art sind, auf welche man sich die Entstehung der Vorstellungen glaubt denken zu können.

323. Verfolgen wir die Versuche, die gemacht worden sind, zuerst eine zweifellose Thatsache zu gewinnen, von der aus die Entstehung der Erkenntniß und die Wahrheit derselben beurtheilbar würde, so begegnen wir am Anfang der modernen Zeit dem Satze des *Descartes*: cogito, ergo sum; der einzigen Gewißheit, die ihm aus dem Zweifel an aller überkommenen Erkenntniß übrig zu bleiben schien. An diesen Satz ist oft angeknüpft worden, und immer, schon seit Augustinus, bei dem wir ihn zuerst finden, hat er sich als eine ebenso zweifellose als vollkommen unfruchtbare Wahrheit erwiesen; nicht der kleinste Schritt zur Begründung irgend einer Erkenntnißtheorie ist aus ihm allein, ohne Zuziehung anderer von ihm unabhängiger Gedanken, möglich gewesen; schon das nächste Kriterium: wahr seien die Vorstellungen, die gleiche Evidenz und Klarheit genießen, meinte Descartes selbst aus jenem Satze nicht ableiten zu können, ohne sich gegen die Möglichkeit, vollkommen unwahre Ideen betrögen uns mit derselben Evidenz, auf einem früher erwähnten Umwege sicher zu stellen. In der That ist leicht einzusehen, daß aus diesem Anfang nichts Neues fließen kann. Betrachtet man den Satz in seiner negativen Bedeutung, nämlich daß nichts uns gewiß sei als die Thatsache unseres Denkens, nicht aber die Wirklichkeit einer Außenwelt, so erinnere ich an eine früher gemachte Bemerkung: *auch wenn* jene Außenwelt wirklich ist, so kann doch in uns von ihr nur ein Gedankenbild, nicht sie selbst vorhanden sein; die That-

sache mithin, daß nichts uns unmittelbar gewiß ist als unsere eigne Gedankenwelt, kann niemals darüber entscheiden, ob nur sie, und ob nicht außer ihr eine Welt des Seins vorhanden ist, auf welche sie sich bezieht. Und selbst, wenn die Vorstellung dieser Außenwelt sich als ein nothwendiges Erzeugniß unserer erkennenden Thätigkeit nachweisen ließe, unvermeidlich gemacht durch die Organisation unseres Geistes und durch die Gesetze, nach denen unsere Gedanken sich verknüpfen müssen, wenn also aus der Thatsache dieses cogito sich die Nothwendigkeit dieses subjectiven Ursprungs unserer Annahme einer Außenwelt des Seins ableiten ließe: auch dann würde die Wahrheit dieser Annahme weder widerlegt noch bewiesen sein; denn auch wenn es diese Welt wirklich gibt, können wir dennoch auf die Vorstellung derselben nur dann gerathen, wenn die Natur unseres Geistes und der Verlauf unserer Gedanken sie als eine zur Vermeidung innerer Widersprüche für uns nothwendige Ergänzung hervortreibt. Achten wir aber auf den bejahenden Sinn des Satzes, so finden wir diesen nicht zweckmäßig formulirt; er ist nicht mehr Ausdruck einer unmittelbaren Thatsache, sondern einer Abstraction. Dies freilich mache ich ihm nicht zum Vorwurf, daß er an der ersten Person der Verba cogito und sum festhielt; denn gewiß, so dunkel auch und zu weiteren Untersuchungen anregend die hierin enthaltene Vorstellung des Ich sein mag: zu dem ursprünglichsten Thatbestand dieser einfachsten Erfahrung gehört sie unwidersprechlich; und Meinungen, welche dem cogito das cogitare, dem sum das esse als die erste und gewisseste Thatsache der Beobachtung unterschieben möchten, verfehlen ganz den Ruhm vorurtheilsloser und unbefangener Grundlegung, den sie mit dem exacten Verfahren der Naturwissenschaft zu theilen suchen. Nirgends begegnet uns als eine einfachste Thatsache eine Vorstellung, die blos wäre, die aber Niemand hätte; nirgends ein Bewußtsein, das nur als Bewußtsein überhaupt und nicht als das Bewußtsein eines Ich erschiene, welches in ihm entweder seiner selbst oder eines Andern sich bewußt wird; von dieser beständigen Zurückbeziehung auf ein Subject, dessen Natur völlig im Dunkel bleibt, mag später die Wissenschaft die Ereignisse des Denkens und Wissens irgendwie zu sondern suchen; ursprünglich gewiß und gegeben aber sind sie nur in der Form des cogito, nicht in der infinitivischen des cogitare. Anderseits freilich, was in dieser richtigen

Personalendung Fruchtbares liegen mag, ist von Descartes übersehen worden; welche Gedanken Kant daran zu knüpfen wußte, ist nicht dieses Ortes. Eine nicht förderliche Abstraction liegt nun aber in dem Satze des Descartes insofern, als er von allen den einzelnen Zuständen, die als solche die unmittelbare Gewißheit der Selbsterfahrung besitzen, nur ihren allgemeinen Charakter hervorhebt: den der cogitatio, d. h. jenes Bewußtseins in weitester Bedeutung, durch welches sich sehr verschiedene Zustände der Seele, Empfinden und Vorstellen Fühlen und Wollen, gemeinsam von dem unterscheiden, was wir uns als Zustand eines selbstlosen unbeseelten Wesens glauben denken zu können. Gewiß geht nun dieses Bewußtsein in jede der einzelnen Selbstbeobachtungen ein; aber welchen Nutzen konnte es haben, nur diesen gemeinsamen Zug aller zu erwähnen und die einzelnen Inhalte zu verschweigen, in denen allein er doch wirklich sein und unmittelbarer Gegenstand der Selbstbeobachtung werden kann? Nicht daß dieses cogito überhaupt vorkommt, in irgend einer der Formen, die es annehmen kann, sondern in welchen Formen es vorkommt, darin lag ein fruchtbarer Anfangspunkt; nicht die nackte Thatsache, daß wir bewußt sind oder denken, lehrt uns die uns zugängliche Wahrheit kennen, sondern was wir denken, der Inhalt unserer cogitatio, ist nicht nur das Ursprünglichste, was uns gegeben ist, sondern auch das Einzige, woraus folgen kann, was wir denken sollen oder müssen. Wies doch Descartes selbst darauf hin, daß auch der Zweifler, indem er zweifelt oder jedes Wissen leugnet, die Thatsache der cogitatio durch sein eignes Thun bestätigt; eben deshalb nun, weil sie mit jedem wahren Wissen jedem Zweifel und jedem Irrthum auf gleiche Weise verknüpft ist, kann sie nicht dazu dienen, Wahres von Unwahrem zu unterscheiden.

324. Es war daher unvermeidlich ein neuer Anfang, an den die Untersuchung über unsere Erkenntniß anknüpfte: der Glaube an die Wahrheit dem Geiste eingeborener Ideen. An diesen Namen, der einen langen Streit in die Geschichte der Erkenntnißtheorie eingeführt hat, muß man nicht Einwürfe knüpfen, die mit einigem guten Willen sich leicht beseitigen lassen. Schon die Alten, wenn sie von dem sprachen, quod a Natura nobis insitum est, und Alle, die sich ähnlich ausdrückten, sind gewiß weit von der Annahme einer Wahrheit entfernt gewesen, die, dem

Geiste an sich fremd, in irgend einem Augenblick seines beginnenden Lebens ihm eingeprägt und von da ein beständiger Gegenstand seines bewußten Vorstellens geworden sei. Nur dies meinten sie: so sei eben unser Geist durch seine eigene Natur, daß er, unter Bedingungen die auf ihn einwirken, bestimmte Gewohnheiten der Gedankenverknüpfung nothwendig entwickeln werde, zuerst als eine Verfahrungsweise, die er unbewußt befolgt; zuletzt, auf unzählige so ausgeübte Handlungen seines Denkens reflectirend, hebe er die unbewußt in ihnen befolgte Regel seines Verhaltens nun selbst zum Gegenstande seines Vorstellens hervor. Angeboren aber nannte man diese Ideen in der Voraussetzung, es reiche nicht hin, daß der Geist, in dem sie sich bilden sollen, nur im Allgemeinen den Charakter eines vorstellungsfähigen Wesens trage, so daß unter denselben Bedingungen dieselben Ideen in jedem Wesen entstehen müßte, das diesen formalen Charakter theilte; es schien vielmehr nothwendig, daß in jedem Geiste eine concrete Anlage seiner Natur, durch die er sich von andern vorstellungsfähigen Wesen unterscheiden *könnte*, die Form bestimmte, in welcher von ihm jene Vorstellungsthätigkeit ausgeübt und ihre einzelnen Handlungen verknüpft werden. Allerdings lag keine Veranlassung vor, diese Annahme eines solchen *möglichen* Unterschiedes zwischen verschiedenen vorstellungsfähigen Wesen für mehr als eine Fiction zu halten, durch die man nur zu verdeutlichen suchte, daß der hinreichende Grund unserer Erkenntniß nicht in dem allgemeinen Charakter der cogitatio liege, sondern in einer concreteren, aber allen Geistern in Wirklichkeit gemeinsamen Bestimmtheit ihrer Natur. Indessen konnte, nach dem Zugeständniß der Denkbarkeit dieses Unterschiedes, doch der Versuch nicht mehr abgewehrt werden, zu sehen, was aus ihm folgt, wenn man ihn für wirklich nimmt. Und dann fielen die beiden Theile des Cartesischen Gedankens, die Apriorität der Ideen und ihre Wahrheit, auseinander: jedem Wesen muß dasjenige als Wahrheit erscheinen, was aus der Folgerichtigkeit *seiner* Natur fließt; ist daher ein Schatz von Ideen jedem in der angegebenen Weise eingeboren, so ist es nur ein lebhafter, aber grundloser *Glaube*, wenn wir diejenigen, die uns Menschen gegeben sind, in höherem Sinne für Wahrheit halten, als die von ihnen abweichenden, die sich vielleicht mit gleicher Evidenz anders gearteten Wesen aufdrängen. Man sieht, daß dies Bedenken nicht nur Geltung hat, wenn wir die Gesammtheit unserer Erkenntniß einer objectiven Welt des Seins entgegensetzen, dessen Abbildung sie sein soll, sondern auch dann, wenn wir, was noch unerläßlicher scheint, nur das für Wahrheit halten, was allen Geistern auf gleiche Weise nothwendig, nicht aber dem einen so dem andern anders vorkommt. Die spätere Polemik hat hieran angeknüpft und behauptet: sind unsere Ideen angeboren, so haben sie keinen Anspruch auf Wahrheit; sie können ihn nur erlangen, wenn wir sie von der möglichen Verschiedenheit der vorstellenden Subjecte unabhängig und abhängig nur von der Natur einer für alle gemeinsamen Objectenwelt denken.

325. Ehe man in das Für und Wider über diese Fragen eintritt, muß man sich überzeugen, daß hier der Punkt ist, an welchem man anstatt der verstohlenen Voraussetzungen, denen man sich zu überlassen liebt, unumwunden eine ausdrückliche Voraussetzung machen muß. Keine dieser Untersuchungen kann ihr Ergebniß, worin es auch bestehen mag, überhaupt begründen ohne irgend eine beiläufig gemachte Annahme über die Art, in welcher sie die Einwirkung eines Erkenntnißobjectes auf das erkennende Subject für möglich denkt. Anstatt sie beiläufig zu machen, setzen wir diese Annahme an die Spitze unserer Gedanken, und zwar so, wie die vielseitige Erfahrung des Denkens sie formuliren gelehrt hat: wo auch immer zwischen zwei Elementen A und B von irgend welcher Natur das Ereigniß stattfindet, welches wir eine Einwirkung des A auf B nennen, niemals besteht dieses Wirken darin, daß ein Bestandtheil a oder ein Prädicat a oder ein Zustand a, welcher dem A angehörte, sich von diesem löste und fertig unverändert selbständig nach B überginge, um diesem sich anzuknüpfen oder von ihm aufgenommen zu werden oder jetzt d e s s e n Zustand zu sein; immer ist jener im A entstehende oder vorhandene Zustand a nur der Grund, um dessenwillen, unter Voraussetzung einer zwischen A und B bestehenden oder eintretenden Beziehung C, nun auch B einen neuen Zustand b aus seiner eignen Natur heraus und in sich selbst erzeugen muß. Wodurch diese Nothwendigkeit des Zusammenhangs der Zustände von A und B herbeigeführt, wie es also gemacht wird, daß B nach A sich richten muß, worin ferner, entweder allgemein oder in verschiedenen Fällen verschieden, die Beziehung C besteht, welche nothwendig ist zur Erzeugung der Wirkung: alle diese Fragen sammt der Vorfrage, ob sie überhaupt

beantwortbar sind, können unserm jetzigen Gedankengang fremd bleiben; uns genügt das ausgesprochene formale Verhalten, gleichviel wie es in der Wirklichkeit realisirt wird. Aus ihm aber folgt, daß niemals die Form der Wirkung b unabhängig von der Natur des Objectes B sein kann, welches sie erfährt; sie ändert sich vielmehr mit ihm, und dieselbe Beziehung C, die zwischen A und B stattfand, wird, wenn sie zwischen A und B^1 eintritt, in B^1 eine andere Wirkung b^1, verschieden von b hervorbringen. Ebensowenig ist die Wirkung b unabhängig von der Natur des einwirkenden Elementes A und von der Art der Beziehung C; sie ändert sich mit beiden; sie wird β werden, wenn nicht A, sondern A^1 mit B in die Beziehung C, und β^1, wenn B mit A in die Beziehung C^1 tritt. Immer aber werden b b^1 β β^1 eine geschlossene Reihe von Ereignissen bilden, die nur in B möglich sind, und A und C werden nur als Reize zu betrachten sein, die da bestimmen, welche von den vielen der Natur des B möglichen Wirkungen in jedem Augenblicke und in welcher Reihenfolge sie wirklich werden sollen. Gefällt man sich, die vielgebrauchten Bezeichnungen der Receptivität und Spontaneität hier anzuwenden, so ist jedes Element receptiv für Anregungen seiner Spontaneität und keines spontan wirksam, ohne diese Anregungen recipirt zu haben.

326. Diesem allgemeinen Verhalten ordnen wir die Einwirkung von Erkenntnißobjecten auf ein erkennendes Subject unter. Jede Annahme zuerst ist ganz unzulässig, welche den Ursprung unserer Erkenntnisse ganz und einseitig in das erkennbare Object verlegt; es genügt wenige Aufmerksamkeit, um selbst in der tabula rasa, mit der man die empfängliche Seele verglichen hat, oder in dem Wachse, dem ähnlich sie Eindrücke nur aufnehmen sollte, die Unvermeidlichkeit der spontanen Rückwirkung zu entdecken. Nur weil die Tafel durch die ihrer Natur und Consistenz eigenen Wirkungsweisen die farbigen Punkte festhält und sie am Verfließen in einander hindert, nur weil das Wachs den Anziehungen seiner Theile diesen unelastischen Aggregatzustand verdankt, zwar leicht verschiebbar zu sein, aber die aufgezwungene Form festzuhalten, nur deswegen eignen sich beide, Eindrücke auf sich malen oder in sich einprägen zu lassen; ein Element, das gar keine eignen Wirkungsweisen dem ankommenden Reize entgegenstellt, würde nicht einmal die ihm zugeschriebene Eigenschaft der reinen

Receptivität besitzen. Es ist ferner nothwendig sich klar zu machen, daß in einer Erkenntniß zwar der von dem Object herrührende unmittelbare Beitrag fehlen kann, aber niemals derjenige, den die Natur des Subjects liefert; denn dies ist denkbar, daß zwei Vorstellungen α und β, nachdem sie einmal auf äußere Veranlassung in der Seele entstanden sind, sich nun nach Gesetzen, die nur aus der Eigenthümlichkeit der Seele fießen, und ohne wiederholte Beihülfe der Außenwelt, zu einem neuen Ergebniß γ verschmelzen; undenkbar dagegen, daß ein Eindruck von außen auf uns geschähe, an dessen Gestaltung unser eignes Wesen nicht Theil nähme. Und darum können wir auch der Unterscheidung nicht beistimmen, welche Kant, in seinen Gedanken zwar nicht irrend, aber lässig im Ausdruck, so aufstellte, daß er den gesammten Inhalt unserer Erkenntniß der Erfahrung, und nur ihre Form der angebornen Thätigkeit des Geistes zuschrieb. Denn Kant wußte sehr wohl, was wir hier hervorheben, daß auch die einfachen sinnlichen Empfindungen, die recht eigentlich den primitiven Inhalt aller unserer Wahrnehmungen bilden, uns nicht fertig von außen kommen, daß sie vielmehr, wenn wir überhaupt die Vorstellung dieser Außenwelt festhalten, nur als Rückwirkungen unserer eignen geistig sinnlichen Natur auf die von dorther kommenden Reize gelten können; sie sind die a priori uns eigenthümlichen Möglichkeiten des Empfindens, zur Wirklichkeit in bestimmter Reihenfolge freilich durch äußere Veranlassungen berufen, aber nie durch diese Veranlassungen uns fertig überliefert. Was aber ferner aus der Zusammensetzung dieser einfachen Elemente sich bildet, das räumlich anschauliche Bild dieser bestimmten Gestalt, der zeitliche Verlauf jener Melodie oder Reihenfolge, auch das ist, selbst in allen Einzelheiten seiner Zeichnung, nicht minder ein Erzeugniß des vorstellenden Subjects, nicht minder also a priori. Denn auch wenn wir annähmen, in einem wirklich sich ausdehnenden Raume oder einer wirklich verlaufenden Zeit befänden sich Dinge in denselben Lagen oder in demselben Wechsel, in welchem wir sie dann räumlich oder zeitlich auffassen: auch dann würde diese räumlich zeitliche Vorstellung derselben etwas anderes sein als ihr eignes räumlich zeitliches Sein; wir könnten nicht dahin gelangen, unsere Vorstellungen α β γ in dieselbe Ordnung zu bringen, welche zwischen ihren objectiven Ursachen a b c besteht, wenn nicht unsere eigene Natur und die Gesetze unseres Vorstellens uns dazu befähigten und nöthigten.

327. Oder wollte man sich durch Worte täuschen lassen und meinen, diese geringfügige Leistung einer Abbildung verstehe sich von selbst und bedürfe keiner wiedererzeugenden Arbeit? Aber was heißt abbilden und wie entsteht ein Bild? Lassen wir noch ganz das Auge beiseit, für welches zuletzt jedes Bild erst Bild ist, und fragen wir nur: wie stellt ein Spiegel die Bedingungen her, unter welchen für ein Auge das Bild eines Gegenstandes entstehen kann? Er vermag es nur, indem er die Lichtstrahlen, die der Gegenstand auf ihn sendet, mit Beibehaltung ihrer gegenseitigen Ordnung nach einer anderen Richtung zurückwirft, und hierzu wird er nur durch Glätte und Form seiner Oberfläche befähigt. Von diesen Eigenschaften hängt es ab, ob er die Strahlen so regellos zerstreut, daß kein Auge sie zu einem Bilde vereinigen kann, oder ob er sie so wieder ausschickt, daß sie divergirend dem Blicke doch zusammenfaßbar werden und convergirend ein reelles Bild zusammensetzen, das dem Auge wie ein neuer Gegenstand sichtbar wird. Mit dem allen aber stellt der Spiegel doch nur den Reiz her, der auf die Sehkraft ähnlich wirkt, wie der Gegenstand selbst, und deshalb ihn vertreten kann; fragen wir aber, wie nun in Folge desselben ein Bild gesehen werden kann, so empfinden wir, wie unpassend überhaupt die Vergleichung einer Erkenntniß mit einer Abbildung war. Das erkennende Bewußtsein ist keine widerstehende gekrümmte oder ebene, glatte oder rauhe Oberfläche, und es würde ihm nichts helfen, empfangene Strahlen irgendwohin zu reflectiren; in sich selbst und in seiner zusammenfassenden Einheit, die kein Raum und keine Platte, sondern eine Thätigkeit ist, muß es die erregten Einzelvorstellungen zu der Anschauung einer räumlichen Ordnung verbinden, welche nicht selbst wieder eine räumliche Ordnung, sondern eben nur deren Vorstellung ist. Denn wenn nun auch, wie vielleicht Einige meinen, die Vorstellung eines linken Punktes in unserem Bewußtsein links neben der Vorstellung eines rechten Punktes läge, und die eines oberen über der eines unteren, so wäre durch diese Thatsache noch nicht die Anschauung dieser Thatsache gegeben; hierdurch allein würden wir uns in der That nur als ein Spiegel verhalten, in welchem die Wahrnehmung einer andern Seele die Lage jener Punkte

entdecken könnte, wenn diese Seele wenigstens das vollbrächte, was unsere eigene nicht gethan hätte: wenn sie nämlich die von uns in bestimmter Ordnung ihr zugestrahlten Eindrücke nicht blos erlitte und in sich beherbergte, sondern sie sich zur Veranlassung dienen ließe, eine zusammenfassende Anschauung dieser Ordnung zu erzeugen. Nichts also bleibt von diesem ungenauen Gleichniß übrig, als die Ueberzeugung, daß selbst die bloße Wahrnehmung eines Sachverhaltes, so wie er ist, nur unter der Voraussetzung möglich ist, das wahrnehmende Subject sei durch seine eigene Natur befähigt und genöthigt, die von den Gegenständen ihm zugekommenen Anregungen in diejenigen Formen zu vereinigen, die es an ihnen anschauen soll und von ihnen einfach zu empfangen glaubt. Daß es sich ebenso verhält mit allen Vorstellungen, die wir über den inneren Zusammenhang verschiedener Wahrnehmungen bilden, füge ich vor der Hand nur kurz hinzu: denn eben dies ist am öftersten zugestanden worden. Daß wir eine ursächliche Verbindung zwischen zwei Ereignissen nicht sehen, daß vielmehr die Vorstellung einer solchen erst von uns zu der wahrnehmbaren Zeitfolge der Begebenheiten hinzugebracht wird, hat man allseitig eingeräumt, bald um durch diesen apriorischen Ursprung dem Begriff des Causalnexus die höhere Würde eines nothwendig allgemeingültigen Gedankens zu sichern, bald um ihm jede Gültigkeit in Bezug auf die Welt der Dinge abzusprechen, aus deren Wahrnehmung er nicht entstanden sei. Beide Folgerungen sind unrichtig; in Bezug auf die zweite wiederhole ich die einfache Betrachtung: auch wenn ein ursächlicher Zusammenhang zwischen den Ereignissen der Außenwelt stattfindet: als unmittelbarer Gegenstand einer Wahrnehmung, die sich völlig receptiv verhielte, könnte er uns auch dann nicht gezeigt werden; immer kann uns durch die Art der Verbindung zwischen Einzeleindrücken nur eine Veranlassung gegeben werden, ihn hinzuzudenken, und diese Veranlassung kann nur dann wirksam sein, wenn es unserer geistigen Natur unvermeidlich ist, jene Verbindung des Mannigfaltigen in unserem Bewußtsein uns durch diese Ergänzung erst zu vervollständigen und zu rechtfertigen.

328. Die ausgedehnte Apriorität, die wir so für unsere Erkenntniß in Anspruch nehmen, ist indessen nur die eine Seite der Sache. Eben dann, wenn wir alle sinnlichen

Empfindungsweisen, unsere Raumanschauung, unsere Begriffe von Ding und Eigenschaft, von Ursache und Wirkung, endlich die ethischen Vorstellungen des Gut und Böse, als angeborene Aeußerungsweisen des Geistes betrachten, eben dann kann der Grund zu den besonderen einander ausschließenden Anwendungen ihrer aller nicht ebenso in dem Wesen dieses Geistes liegen. In unserer Raumanschauung sind unzählige Figuren möglich, aber nur bestimmte beobachten wir in jedem Augenblick; vielerlei Farben könnten wir sehen und sehr verschiedene Reihenfolgen von Tönen hören, aber wir können das Roth nicht ändern, das wir jetzt und hier bemerken, obgleich an derselben Stelle uns auch Blau und Gelb empfindbar wäre, und der jetzt gehörten Melodie können wir keine der unzähligen unterschieben, die wir in andern Augenblicken vernommen haben; unabhängig von uns ordnen sich die Ereignisse bald so daß sie uns zur Vorstellung eines ursächlichen Zusammenhangs nöthigen, bald so daß sie uns die Annahme desselben unmöglich machen; endlich diese Combination der Veranlassungen, die uns zur Ausübung unserer apriorischen Fähigkeiten gegeben werden, ändert sich von Person zu Person; sie kann also nicht in der allgemeinen Natur unseres Geistes begründet sein. Es ist gleichgültig für unsern gegenwärtigen Zusammenhang, wo wir ihre Ursachen suchen. Vielleicht hat die gewöhnliche Meinung Recht, der wir uns im Leben alle fügen, und von der wir in dieser Betrachtung ausgingen: vielleicht besteht eine Welt von Dingen außer uns, in welcher wir selbst bestimmte Plätze haben, und deren eigene Veränderungen verschieden auf uns wirken je nach den verschiedenen oder veränderlichen Stellungen, die wir in ihr einnehmen. Dann wird das Gewebe der Vorstellungen, die in uns entstehen, zwar nicht in dem Sinne Anspruch auf den Namen der Wahrheit haben, als könnte es ein ähnliches Bild dessen darstellen, was in dieser Welt der Dinge ist oder geschieht; aber jede Verknüpfung Trennung oder Abwechselung der Erscheinungen, die uns so vorschweben, wird doch als Folge den Gang einer vielleicht andersgearteten aber bestimmten Veränderung verrathen, die in den Verhältnissen der auf uns wirkenden Dingwelt stattgefunden hat. Zu demselben Ergebniß würde die andere idealistische Meinung führen, die uns im Leben stets ungeläufig bleibt, und zu welcher zulängliche Beweggründe nur innerhalb philosophischer Untersuchungen aufzufinden sind. Vielleicht gibt es, ihr zufolge, keine Welt der Dinge und der Ereignisse außer uns, sondern nur die Erscheinung einer solchen wird durch eine einzige unbekannte und alle Geister durchdringende Macht eben nur in diesen Geistern selbst und so hervorgebracht, daß die Weltbilder, welche die verschiedenen um sich herum zu schauen glauben, zu einander passen und alle, jeder an seiner besonderen Stelle, sich in ein und dasselbe Universum eingeordnet erscheinen. Immer wird auch diese Vorstellungsweise zugestehen müssen, daß für jeden einzelnen Geist die Anregung, die er zur Erzeugung seines Weltbildes erhält, eine ihm selbst fremde ist und zugleich unerklärlich aus der allgemeinen geistigen Natur, die er mit allen andern theilt; woher sie auch stammen mag, sie bleibt ein empirisches oder aposteriorisches Element unserer Erkenntniß. Und wieder: jede Verknüpfung Trennung oder Abwechselung der Erscheinungen, die uns so entstehen, wird auf ein anderes Geschehen, auf Veränderungen hinweisen, die jetzt zwar nicht mehr in den Verhältnissen mannigfacher Dinge, wohl aber in dem Handeln jener einheitlichen Macht vorgehen, welche diesen Traum einer Außenwelt uns verschafft. Hier endlich wie dort wird es eine würdige Aufgabe sein, aus der Beobachtung und Vergleichung der Erscheinungen die beständigen Gesetze zu ermitteln, nach denen ihr wechselreiches Spiel erfolgt, und die Auflösung dieser Aufgabe wird die Erkenntniß einer Wahrheit sein, auch wenn es kein Mittel geben sollte, zu entscheiden, von welcher anderen Gesetzmäßigkeit einer uns unbekannt bleibenden Außenwelt diese Gesetzlichkeit des Verlaufs unserer Innenwelt hervorgebracht wird. Es ist im Wesentlichen die Ansicht Kant's, die ich hier vertrete, und von der die deutsche Philosophie nie hätte ablassen sollen. Ich vertrete sie aber unter ausdrücklicher Ablehnung jeder Beantwortung der letztgedachten Frage. Mag es immerhin sein, daß Jemand eine unmittelbare Gewißheit über Sein oder Nichtsein jener Außenwelt zu besitzen glaubt: was und wie sie sei, wird er doch immer nur durch Rückschlüsse von den Erscheinungen aus enträthseln können; hier muß daher zuerst Recht geschaffen werden: die gewissen Grundsätze, nach denen der Zusammenhang dieser Innenwelt zu beurtheilen ist, müssen zuerst festgestellt werden, ehe von einer Anwendung der gewonnenen Einsicht auf jene der Metaphysik zu überlassende Sonderfrage zu reden ist.

329. Wenn wir nun aber Wahrheiten voraussetzen, die, in dem früher angegebenen Sinne des Wortes, unserem Geiste angeboren sind, woher erlangen wir die Kenntniß derselben, wenn nicht dadurch, daß wir sie in uns finden? also durch eine innere Erfahrung? so daß doch zuletzt Erfahrung die einzige Quelle aller unserer Erkenntniß wäre? Dieser Einwurf ist gemacht worden; man wird ihn zunächst für ebenso unfruchtbar als unwiderleglich halten. Denn sicher: wenn wir eine Wahrheit wissen sollen, müssen wir uns ihrer bewußt sein, und wenn wir früher uns ihrer nicht bewußt waren, so ist der Uebergang zum Wissen derselben eine Begebenheit, die wir nur erleben oder erfahren können; in demselben Sinne ist unser ganzes Dasein eine Thatsache, die wir vorfinden. Gegen den Apriorismus angeborener Ideen kann mithin dieser Einwand nicht gelten; vielmehr: auch wenn es angeborene Ideen, auch wenn es sie sogar in dem Sinne gäbe, daß sie einen unablässigen Inhalt unsers Bewußtseins bildeten, auch dann würde eine hierauf gerichtete Reflexion ihr Vorhandensein zunächst immer nur als eine gegebene Thatsache erfahren oder erleben. In dieser weitläufigen Bedeutung genommen ist der Begriff der Erfahrung nicht mehr der Anlaß zu einer Verschiedenheit der Meinungen; von Wichtigkeit ist nur, als was wir jene Gedanken erfahren, ob als angeborene Wahrheiten oder als Erfahrungen in dem beschränkteren Sinne, in welchem sie im Gegensatz zu diesen auf einen dem Geiste selbst auswärtigen Ursprung hindeuten. Und hier verschärft sich zunächst die vorige Frage, wenn wir nach Kennzeichen suchen, welche den einen Fall von dem andern unterschieden. Aufgenöthigt werden uns die Eindrücke, die von außen kommen, und wir können sie nicht ändern; aber unvermeidlich und nothwendig erscheinen uns auch jene Wahrheiten; daß wir im ersten Fall einen fremden Zwang, im zweiten nur den unserer eigenen Natur erlitten, können wir vermuthen, aber wie beweisen? In der That ist indessen, im unbefangenen Gebrauch des Denkens, nicht dies das Erste, was uns jetzt, in dem Zusammenhange unserer methodologischen Betrachtung, das Wichtigste war: nicht in dieser ihrer Eigenschaft, dem Geiste angeboren zu sein, werden jene Wahrheiten erfahren, sondern die sachliche Selbstverständlichkeit ihres Inhalts fällt uns zuerst auf und macht sie, nachdem irgend ein Beispiel uns veranlaßt hat, sie zu denken, von aller Bestätigung durch fernere Beispiele,

mithin von der Erfahrung unabhängig, welche diese liefern könnte. Allgemeinheit und Nothwendigkeit sind daher immer die beiden Eigenschaften gewesen, die den apriorischen Erkenntnissen zugeschrieben wurden. Wir verstehen die erste in dem Sinne, daß überall, sobald das Subject einer solchen Erkenntniß gedacht wird, auch das zugehörige Prädicat als selbstverständlich mit ihm verbunden erscheint; und in nichts Anderem als in dieser Selbstverständlichkeit besteht anderseits auch die Nothwendigkeit der Geltung, die allgemeinen Wahrheiten offenbar in anderer Bedeutung zukommt, als den Verknüpfungen verschiedener Inhalte, die uns die veränderliche Erfahrung vorführt. Gegeben sind auch diese so, daß in dem Augenblick, in welchem sie stattfinden, unsere Willkür sie nicht zu trennen vermag; aber obwohl nothwendig in dem Sinne, in welchem es jede Thatsache ist, die nicht hinweggeleugnet werden kann, entbehrt doch der Inhalt der Erfahrung jene Selbstverständlichkeit der inneren Verknüpfung, die uns den einen seiner Bestandtheile nicht ohne den andern zu denken erlaubt. Aber zuletzt: was in diesem einen Augenblicke uns selbstverständlich erschiene, woher hätten wir das Recht zu behaupten, daß es in jedem andern Augenblicke uns ebenso erscheinen werde? ihm also jene Allgemeingültigkeit zuzuschreiben, durch die es, der veränderlichen Erfahrung gegenüber, zu einem feststehenden Grundsatze für deren Beurtheilung würde? Schon die antike Skepsis erhob diesen Zweifel, und er bewog sie, die Zulässigkeit jeder allgemeinen Behauptung zu leugnen. In der That, welchen Grundsatz wir auch immer erdenken möchten, um uns zu berechtigen, von der Evidenz eines Gedankens im jetzigen Augenblick auf gleiche Evidenz desselben in aller Folgezeit zu schließen, als allgemeiner Grundsatz würde er genau dem Bedenken unterliegen, welches er zu heben bestimmt wäre. So würde es denn, um uns der Allgemeingültigkeit eines Gedankens zu versichern, kein Mittel geben, wenn uns die Evidenz nicht genügt, mit welcher sein Inhalt, einmal gedacht, sich selbst ewige Geltung der Erfahrung vorgreifend zuschreibt. Und man würde bedenken müssen, daß diese Unfähigkeit nicht eine beklagenswerthe Unvollkommenheit nur der menschlichen Einsicht sein würde; jeder Geist theilte sie, dessen Vorstellungsleben, in der Zeit sich entwickelnd, irgend noch Aehnlichkeit mit dem unsrigen hätte; welche wahrste Wahrheit ihm auch angeboren sein möchte, sie würde in sein

Bewußtsein doch nur in einem bestimmten Augenblicke treten, und alle Evidenz, die sie dann für ihn hätte, würde den Zweifel an ihrer Denknothwendigkeit im nächsten Augenblicke nicht heben.

330. Vielleicht stimmt man diesem Ergebnisse eifrig zu und fährt fort: eben dies beweise die Vergeblichkeit unserer Parteinahme für Wahrheiten, die dem Geiste a priori gegeben seien; selbst nachdem er sie besitze, habe er kein Mittel, sie von dem zu unterscheiden, was ihm nur durch Erfahrung zukomme; oder anders ausgedrückt: eben nur durch Erfahrung lerne er ihre Allgemeingültigkeit kennen, wenn in jedem folgenden Versuche, sie zu denken, sich ihre Evidenz immer wieder erneuere, dann habe man zwar nicht den strengen Beweis, aber die größte Wahrscheinlichkeit ihrer allgemeinen Geltung, und hierauf, auf diese wachsende empirische Wahrscheinlichkeit, habe alle unsere Erkenntniß sich dann in der That zu beschränken. Hierin liegt ein Theil von Wahrheit, dessen ich nachher gedenken will; aber das Ganze dieser Behauptung ist falsch. Eben dann, wenn zugestandenermaßen die in dem einen Augenblick erfahrene Evidenz eines Gedankens nicht für die Erfahrung derselben Evidenz in einem zweiten bürgen soll, eben dann kann auch eine tausendfach wiederholte gleiche Erfahrung das Eintreten der tausend und ersten nicht wahrscheinlicher machen, als schon das der zweiten oder dritten gewesen wäre. Wenn wir nach vielfachen Beispielen einer Verknüpfung zweier Ereignisse a und b, deren Reihenfolge durch kein Gegenbeispiel unterbrochen worden ist, auf jedes neue Eintreten von a auch b mit immer wachsender Zuversicht erwarten, so thun wir dies auf Grund sehr bestimmter Voraussetzungen. War jene Verknüpfung von a und b nicht von der Art, daß sie, einmal gedacht, sich als selbstverständlich erwies und sich selbst als allgemeingültig für alle Zukunft ausgab, so leiten wir ihre beständige Wiederkehr davon ab, daß die wechselnden Bedingungen, welche diesen Erfolg hätten ändern können, nicht eingetreten sind; daß sie aber auch später nicht eintreten werden, finden wir nach einer großen Anzahl gleichartiger Erfahrungen nur deshalb wahrscheinlich, weil wir im Ganzen des Weltlaufs und in dem besondern Theile desselben, dem jene Ereignisse angehören, eine Beständigkeit des Verhaltens voraussetzen, die an einer hinlänglichen Anzahl von Beispielen erkennbar wird; nun, nachdem wir vorausgesetzt haben, daß die zu-

künftigen Wiederholungen der Bedingungen den beobachteten gleichen werden, schließen wir: unter gleichen Bedingungen werde Gleiches eintreten müssen. Haben wir uns in jener Voraussetzung geirrt, so werden wir eine falsche empirische Behauptung allgemein aufgestellt haben, die durch eine später kommende Erfahrung widerlegt wird; gilt uns dagegen der allgemeine Grundsatz nicht mehr für allgemein, daß unter gleichen Bedingungen gleiche Folgen entstehen, so ist das ganze logische Verfahren grundlos und haltlos, durch welches man aus Erfahrungen Sätze von auch nur wahrscheinlicher Allgemeingültigkeit zu finden hofft; denn jede Folgerung von m zu m + 1, gleichviel ob sie strenge oder wahrscheinliche Geltung irgend eines Satzes vermitteln will, setzt die strenge Allgemeingültigkeit jenes logischen Grundsatzes voraus. Man sieht daher, daß die Neigung, alle allgemeine Erkenntniß aus Erfahrung, d. h. aus Summirung von Einzelwahrnehmungen zu gewinnen, nicht zum Ziele kommt; irgendwo ist stets als nothwendiges Hülfsmittel einer jener Gedanken vorauszusetzen, dessen einmal gedachtem Inhalt man mit unmittelbarem Zutrauen den von ihm erhobenen Anspruch auf allgemeine Gültigkeit zugibt.

331. In der That ist nun hierüber im wirklichen Gebrauche des Denkens niemals Streit gewesen. Man hat manchen mathematischen Beweis erneuter Prüfung unterzogen, aber immer nur um zu ermitteln, ob jeder der einzelnen Sätze, aus denen er bestand, für sich evident war oder folgerecht aus anderen evidenten floß; niemals dagegen hat man das an sich Evidente einer bloßen Wiederholungsprobe unterworfen, um zu sehen, ob nicht doch einmal ein Augenblick käme, in welchem sein Gegentheil, die Gleichheit etwa des Ungleichen oder ein Ueberschuß des Theiles über das Ganze, ebenso evident würde; und wäre jemals dies Unerwartete geschehen, so würde Niemand gezweifelt haben, daß ein Fehler vorliege, den die Unachtsamkeit des Rechnenden allein verschuldet habe. Zwiespalt ist dagegen vorhanden über den Umfang jener selbstverständlichen und allgemeingültigen Wahrheiten, und hier kommt nun der Theil Wahrheit in Betracht, den ich oben der zurückgewiesenen Ansicht doch zugestehen mußte. Aber auch dies meine ich nicht so, als könnte die Erfahrung als solche uns helfen, das festzustellen, was nicht nur als allgemeine Thatsache, sondern mit selbstverständlicher Nothwendigkeit allgemein gilt; vielmehr ist es gerade die

Erfahrung, deren oft wiederholte gleichförmige Aussagen uns verlocken, zuletzt für nothwendig und selbstverständlich zu halten, was nur wirklich, oder nicht einmal dies ist. Ich habe früher der täuschenden Evidenz gedacht, die für uns manche Gedanken annehmen, deren Inhalt ein beschränkter Beobachtungskreis uns beständig ohne Gegenbeispiel vorgeführt hat; die psychologische Association, die sich dann zwischen den Vorstellungen a und b zweier stets aufeinander gefolgten Ereignisse gebildet hat, nimmt sehr bald den Schein einer selbstverständlichen sachlichen Verknüpfung der vorgestellten Inhalte an. Ich habe schon damals angeführt, daß der Versuch, das contradictorische Gegentheil eines so evident gewordenen Gedankens zu denken, zuweilen dazu dient, diesen täuschenden Schein zu zerstreuen; mit Verwunderung bemerken wir dann, daß eine Annahme, die der scheinbar selbstverständlichsten Behauptung widerspricht, dennoch keinen Widerstand unseres Denkens erfährt, daß sie denkmöglich ist wie diese, daß also die Gewißheit, die wir dieser zuerkannten, nicht auf allgemeingültiger und selbstverständlicher Zusammengehörigkeit ihres Inhaltes beruht. Aber ich mußte auch schon früher hinzufügen, daß dieser Versuch nicht immer entscheidend sein wird; sehr mannigfaltig sind in der That die Einflüsse der vorgängigen Erfahrung, die auch seinen Nutzen vereiteln. Könnten wir sicher sein, wenn wir irgend einen Satz dieser Prüfung unterwerfen, nicht nur sein Subject a, sein Prädicat b und den Sinn der Copula c oder derjenigen Verknüpfung, in welche wir a und b bringen w o l l e n, genau, ohne Mangel und Ueberfluß bestimmt zu haben, sondern auch bei der endlichen Entscheidung darüber, ob dies c zwischen diesem a und diesem b selbstverständlich stattfinde oder nicht, uns durch keinerlei Beweggrund leiten zu lassen, der dem festbestimmten Inhalt dieser drei Begriffe fremd wäre, so würden die endlichen Aussagen aller, bejahend oder verneinend, gewiß übereinstimmen. Wo diese Bedingungen erfüllbar sind, wie es auf dem Gebiete der Mathematik der Fall ist, da finden wir solche Uebereinstimmung wirklich. Die verwickelten Begriffe von Gegenständen der Wirklichkeit gestatten dagegen nicht von fern diese Genauigkeit der Zerlegung; und jedes besonnene Denken erwartet hier Ergebnisse nur von der Erfahrung oder vielmehr von genauer Bearbeitung der Erfahrungen; die einfachsten und allgemeinsten Begriffe und Gedanken endlich, die wir eben dieser Bearbeitung gern überordnen möchten, würden an sich allerdings jene Genauigkeit zulassen, wenn nicht eben der Einfluß der vorangegangenen Erfahrungen sie erschwerte. Wir meinen gewiß etwas sehr Einfaches und Bestimmtes, wenn wir die Worte: Sein Ding Ursache Kraft Wirkung und Stoff aussprechen; aber jeder dieser Begriffe ist von uns, auf Veranlassung unseres Beobachtungskreises oder besonderer Lieblingsrichtungen unserer Aufmerksamkeit, gewöhnlich nur auf einen Theil des Umfanges angewandt worden, den er nach unserer eignen Ueberzeugung ganz beherrschen soll, und zugleich anderseits in mancherlei Verbindungen gebracht, die ihm möglich, aber nicht wesentlich sind. Definiren würden wir daher, wenn man uns aufforderte, denselben Begriff vielleicht übereinstimmend, unsere wirklichen Anschauungen seines Inhalts würden dennoch verschieden genug sein, so verschieden wenigstens, wie dieselben Formen unter verschiedenen Beleuchtungen erscheinen. Alle diese unzergliederten Nebengedanken nun, die Stimmungen und Wünsche, die sich so verstohlen an das Gedachte knüpfen und ihm sein eigenthümliches Colorit geben, machen uns geneigt, Prädicate an ihm selbstverständlich zu finden, die der bloße Eigeninhalt desselben nicht gerechtfertigt hätte. Dies ist der Werth und die Gefahr der Erfahrung: ohne durch sie veranlaßt zu sein, treten die allgemeinen Grundsätze unseres Urtheilens nicht vor unser Bewußtsein; durch sie veranlaßt aber sind sie zugleich mit Einseitigkeiten Mängeln und Ueberschüssen behaftet, von denen eine spätere Reflexion Mühe hat sie zu reinigen. Hier beginnt, als eine unermüdlich fortzusetzende Kritik, jene dankenswerthe Bemühung, psychologisch den Ursprung der Gestalt zu erforschen, die sie zuletzt in unserem Bewußtsein angenommen haben; nicht sowohl um zu zeigen, wie alle Wahrheit und Gewißheit allmählich aus den Aussagen der Erfahrung entspringt, sondern im Gegentheil, um deutlich zu machen, wie viel Fremdartiges, nur aus den Besonderheiten der beobachteten Beispiele stammend, sich incrustirend an den Inhalt jener ursprünglichen Wahrheiten angelagert hat, die, einfach und rein gedacht, uns nicht nur nothwendig und selbstverständlich erscheinen, sondern so auch sich in allen ihren Anwendungen bewähren würden.

332. Ich glaube nicht, daß diese Kritik der Vorurtheile, wie ich sie kurz nennen möchte, sich anders als stückweis und in unmittelbarem Anschluß an bestimmte

zu lösende Aufgaben ausführen läßt; denn die Schwierigkeiten, die sich bei den Bearbeitungen dieser erheben, sind es eigentlich erst, die uns den Verdacht der Unrichtigkeit unserer Grundsätze und eine Vermuthung über die Quellen der begangenen Irrthümer erwecken. Ich unterlasse daher, hierüber ins Einzelne zu gehen; aber ich muß mein bisheriges Verfahren rechtfertigen gegenüber der entgegengesetzten Ansicht, welche durch diese psychologischen Zergliederungen unserer Erkenntnisse nicht nur ursprüngliche Wahrheiten aus der Umhüllung irriger Nebengedanken zu befreien, sondern die Natur des Denkens systematisch aufzuklären und die Gültigkeit seiner Grundsätze zu erweisen sucht. Ich bin in meiner ganzen Darstellung nicht dieser Meinung gewesen, daß die Logik wesentlichen Nutzen aus der Erörterung der Bedingungen ziehen könne, unter denen das Denken als psychischer Vorgang verwirklicht wird. Die Bedeutung der logischen Formen besteht in dem Sinne der Verknüpfungen, in welche wir den Inhalt unserer Vorstellungswelt bringen sollen; in dem also, was das Denken aussagt oder befiehlt, nachdem oder indem es in uns zu Stande kommt, aber nicht in dem, was als erzeugende Bedingung seiner eignen Wirklichkeit hinter ihm liegt. Gewiß muß es Bedingungen dieser Art geben, nicht blos solche eines psychischen Mechanismus, die in jedem einzelnen Augenblick jede einzelne seiner Bewegungen ebenso bestimmen, wie jeden Zug eines äußeren Naturereignisses die im Moment seines Entstehens vorhandenen physischen Data; vielmehr auch die Nothwendigkeit, mit welcher im Allgemeinen das Denken jene Regeln seines Verfahrens unwissentlich befolgt, die eine spätere Reflexion als bewußte Grundsätze ausspricht, muß eine unvermeidliche Folge der Natur des Geistes sein, deren Erforschung der Psychologie zufällt. Aber wenn wir nun Alles wüßten, was wir hierüber zu wissen wünschen können, so würde es doch eine Täuschung sein, wenn wir darum besser über die Wahrheit unserer logischen Grundsätze urtheilen zu können glaubten; wäre doch ihre Gültigkeit vielmehr die Voraussetzung für die Möglichkeit der Untersuchung gewesen, durch die wir diese ihre psychologische Entstehungsgeschichte zu Stande gebracht hätten. Diesen Cirkel, der uns so oft schon ermüdet hat, will ich hier zum letzten Male erwähnt haben; es muß klar sein, daß keine sensualistische oder empirische Theorie der Entstehung unseres Denkens und Wissens dahin kommen kann, den Satz der Identität oder des ausgeschlossenen Dritten zu beweisen oder zu widerlegen; sie bedarf beider zu jedem Schritt ihrer Folgerungen; sie kann ebensowenig die Geltung des Causalgesetzes erst begründen oder hinwegräumen wollen, denn jeder Versuch, seine Anwendung auf Association und Reproduction der Vorstellungen zurückzuführen, setzt in anderer Form es selbst als gültig in Bezug auf die Wechselwirkung der psychischen Zustände voraus, und sowohl seine Bejahung als seine Verneinung wäre hinfällig, wenn nicht zuerst seine Gültigkeit feststände, aus der dann freilich die Verneinung nur durch einen sonderbaren Selbstmord der Untersuchung entspringen könnte. So bleibt denn nichts übrig, als daß diese psychologischen Zergliederungen auf die Aufgabe beschränkt werden, zu zeigen, wie an sich gültige Wahrheiten im Denken und für dasselbe, sofern es ein psychischer Vorgang ist, als unbewußt befolgte Regeln seines Verfahrens verwirklicht werden.

333. Und hier möchte ich nun noch deutlich machen, daß wir auch von alle dem, was wir in dieser Beziehung zu wissen wünschen können, in der That nichts wissen, und daß die Logik noch lange auf ein tieferes Verständniß der Denkhandlungen würde verzichten müssen, wenn sie der Aufklärung durch psychologische Ableitung derselben bedürfte. In den sensualistischen Darstellungen, wie sie nach dem hierin unerreichten Vorbild Locke's und nach dem kecken Versuche Condillac's vielfältig wiederholt sind, kann ich nichts finden, was überhaupt dieser Aufgabe entspräche. Als Kritik der Vorurtheile unseres Erkennens hat Locke's Werk in der Entwicklung der neueren Philosophie die Wirkung völlig gehabt, welche die Größe des von ihm eröffneten Gesichtskreises und die Schärfe seines Eindringens verdiente; aber der Mannigfaltigkeit der inneren Vorgänge, die er in Betracht zieht, steht er doch mit keinem andern Organ als jenem common sense gegenüber, der, an der Beurtheilung des äußern Weltlaufs geübt, mit den hier erworbenen achtbaren und probablen, aber unsystematischen Maximen überall auszureichen glaubt. Es liegt mir näher, von dem zu reden, was in deutscher Philosophie versucht worden ist. Wenn wir von Erklärung eines Kreises von Vorgängen sprechen und sie vermissen, so schwebt uns als Muster des Gewünschten die Gesammtheit der naturwissenschaftlichen Weltansicht vor. In ihr ist, eben durch Beachtung der Gesetze des Denkens und

ihre sorgfältige Anwendung auf den Inhalt genauer Beobachtungen, die Auffindung weniger Urthatsachen gelungen, aus deren Ineinandergreifen höchst mannigfache Erscheinungen mit nachweisbarer Nothwendigkeit entspringen. Glückliche Eingebungen haben in jüngster Zeit auch einen Theil des innern Lebens, die Abhängigkeit wenigstens der Empfindungen von äußeren Reizen, dem so beherrschten Gebiet hinzugefügt; nicht indem man versuchte, die Eigenart psychischer Ereignisse aus physischen Vorgängen zu construiren, die ihnen ewig unvergleichbar bleiben, sondern indem man sich beschränkte, auf die Glieder beider Reihen, welche thatsächlich aber in unbekannter Weise die Naturordnung aneinanderkettet, genaue Maßbestimmungen anwendbar zu machen und aus den gefundenen zusammengehörigen Werthpaaren das Gesetz ihrer Correspondenz zu entwickeln. Schon früher war diesen Bemühungen ein werthvoller Versuch vorangegangen, zwar ohne Anknüpfung an Erfahrung im Einzelnen, aber nach Hypothesen, die sich dem Gesammteindruck der Erfahrungen anschlossen, in gleichem Sinne auch die inneren Zustände der Seele einer mechanischen Theorie ihres Zustandekommens zu unterwerfen. Alle diese Leistungen indessen, durch welche die psychologische Anschauungsweise der Gegenwart den Ansichten der Vorzeit sehr weit überlegen ist, reichen nicht an den räthselhaften Punkt hinan, dessen helle Beleuchtung der Logik neue Wege öffnen könnte. Sie alle lehren uns nur die Wechselwirkung verschiedener dem Maße nach bestimmter psychischer Einzelzustände mit Rücksicht auf die Veränderung kennen, die jeder von ihnen durch sein Zusammentreffen mit andern erfährt, mit Rücksicht also auch auf den Gesammtzustand der Seele, soweit er nichts als das mechanische Resultat aller dieser Gegenwirkungen ist. Aber sie erklären nicht ebenso die neuen Rückwirkungen, zu denen jeder so entstandene Zustand die Seele veranlaßt, und die eben nicht berechenbare Ergebnisse von Größenverhältnissen zusammentreffender Bedingungen sind, die vielmehr mit einer andersgearteten, sagen wir: mit einer dialektischen oder teleologischen Nothwendigkeit von dem Sinne oder der Idee abhängen, zu deren Verwirklichung die Seele bestimmt ist. Die Erforschung der äußeren Natur läßt ähnliche Fragen zurück, bedarf aber für ihre Zwecke deren Beantwortung nicht. Wie es zugehe, wie es gemacht werde, oder wozu es denn so sei, daß Massenelemente einander nach Maßgabe ihrer Zwischenentfernung anziehen, kann dahingestellt bleiben; nachdem das Gesetz dieser Wirkung bekannt ist, darf sie als ein constantes Element des Naturlaufs, d. h. hier als ein solches gelten, dessen Variationen in jedem Einzelfall durch die gegebenen Umstände mitbestimmt sind; je mehr es gelingt, alle Naturvorgänge auf so sich verhaltende gleichartige Bewegungskräfte zurückzubringen, um so mehr wird auch seiner Form nach jedes einzelne Ereigniß aus seinen veranlassenden Bedingungen construirbar werden. Dies würde sich ändern, wenn die Naturforschung Ursache zu der Annahme erhielte, daß auch die für unveränderlich geachteten Elemente unter der Wirkung solcher Kräfte innere Zustände erlitten und durch diese bestimmt würden, mit neuen vorher nie angeregten Formen der Rückwirkung in das Spiel der Ereignisse einzutreten. Gewiß würde man auch diese neuen Einflüsse, soweit sie in der Umgestaltung physischer Umstände wirksam würden, unmittelbar an die erkennbaren äußeren Bedingungen anschließen, unter denen sie entstanden, also allgemein ausgedrückt, sie als Functionen dieser letzteren betrachten können; scheinbar würde daher nicht die Stetigkeit der wissenschaftlichen Construction eine Unterbrechung, sondern nur ihre Ausführung eine vermehrte Schwierigkeit erfahren: in der That aber würde ein Sprung in dieser Continuität doch vorhanden sein. Denn daß überhaupt unter der Summe m gewisser physischer Bedingungen eine neue Wirkungsweise μ, unter der anderen Summe n eine andere neue Wirkung ν auftreten werde, würde doch ein neues Datum, eine Thatsache sein, die man aus Erfahrung weiß, aber nicht selbstverständlich und analytisch als nothwendige Folge jener Bedingungen ableiten kann. In einem solchen Falle nun befinden wir uns hier. Alle die inneren Vorgänge, die wir psychologisch als nothwendige Voraussetzungen für die Verwirklichung irgend einer Denkhandlung kennen, sind nur jene Veranlassungen m oder n, unter denen diese logischen Rückwirkungen μ und ν des Geistes zum Vorschein kommen; aber erklärlich wird uns aus m und n weder die Thatsache, daß μ und ν hinzukommen, noch finden wir wieder in dieser Thatsache selbst die mindeste Erklärung für die weiteren Verknüpfungen, die das Denken zwischen μ und ν, überhaupt zwischen den verschiedenen elementaren Ausübungen einer Thätigkeit in immer sich steigernder Verwicklung anstiftet.

Ich würde hierbei verweilen, wenn nicht ohnehin der Gegenstand des nächsten Abschnittes mich nöthigte, im Einzelnen auf die tiefe Kluft hinzuweisen, die zwischen dem psychischen Mechanismus und dem Denken unausgefüllt liegt; ich begnüge mich hier mit dem Ausdruck meiner Ueberzeugung, daß man alle logischen Rückwirkungen des Geistes als ein in sich zusammengehöriges Ganze, als eine einheitliche Tendenz aufzufassen hat, deren einzelne Aeußerungen ihrem Sinne nach sich verständlich in eine Reihe gliedern lassen, dagegen nach ihrer Entstehung als psychische Vorgänge noch völlig unbegreiflich sind. Es ist eine Illusion der Psychologie und eine Verderbniß der Logik zugleich, die Veranlassungen, unter denen sie sich kundgeben, für sie selbst zu halten; hoffnungsloser ist nur noch der Wahn, durch eine vervollkommnete Theorie der Nervenphysik das deutlich zu machen, worauf die Möglichkeit jeder Theorie beruht.

Viertes Kapitel.

Reale und formale Bedeutung des Logischen.

334. Thatsachen der Wahrnehmung erkennen wir an; nur dem discursiven Denken mißtrauen wir, das sie deutet, am meisten den langen Gedankengeweben, die es der Anschauung abgewandt und doch mit der Hoffnung auf ein Ergebniß fortspinnt, das diese später bestätigen werde. Als Thätigkeit oder Bewegung der Seele folgt das Denken Gesetzen ihrer Natur; werden die Regeln, nach denen es seine Vorstellungen verknüpfen muß, zu demselben Abschluß führen, den der Zusammenhang der Sachen hervorbringt? so daß das Ende unseres Gedankenganges, wenn wir zur Wahrnehmung zurückkehren, mit dem zusammentrifft, was der Lauf der Dinge inzwischen hervorgebracht? Und wenn wir im Ganzen für unwahrscheinlich halten, daß Denken und Sein, die eine natürliche Vermuthung als für einander geschaffen ansieht, völlig auseinander gehen, wird dann auch jeder einzelne Schritt des Denkens einer Phase des Geschehens entsprechen, die in der Entwicklung des gedachten Inhalts vorkäme? Aus solchen Zweifeln entsteht die Ansicht von einer blos formalen oder subjectiven Geltung des Denkens. Sie ist klar in dem, was sie behauptet: die logischen Formen und die Gesetze ihrer Anwendung sind die Bedingungen, durch deren Erfüllung das Denken sich selbst genügt und den Zusammenhang des Vorgestellten zu dem macht, was für es selbst, das Denken, Wahrheit ist; aber unklar bleibt, in welchem Verhältnisse, das sie doch nicht entbehren können, diese Formen und Gesetze zu dem Inhalt stehen, den sie nicht erzeugen, sondern vorfinden, und durch dessen Bearbeitung allein doch die gedachte Wahrheit den ihrigen erhält. Kann ein Inhalt in Formen gebracht werden, für die er nicht paßt? und selbst wo wir einen Stoff gewalt-

sam in eine Gestalt pressen, die er freiwillig nicht annähme, muß nicht in ihm selbst eine Eigenschaft sein, die diese Gewalt wenigstens möglich macht? in jedem gegebenen Inhalt mithin, den das Denken seinen Formen unterwirft, eine Beziehung und Verwandtschaft zu diesen Formen, die höchstens mißbraucht werden kann? Muß nicht endlich diese Annahme in Bezug auf jede einzelne logische Operation gelten? Keine von ihnen ließe sich als blos subjectives Verfahren des Denkens ausführen, läge nicht in dem gegebenen Inhalt ein Zug, der sie verlangte oder gestattete. Nun wissen wir, daß jenes Mißtrauen, dem wir oben Worte gaben, sich nicht in der befürchteten Allgemeinheit bestätigt; wie viel wir auch in langen Gedankengängen irren, das tägliche Leben zeigt doch, wie gut durchschnittlich unsere Ueberlegungen mit dem Lauf der Dinge wieder zusammentreffen. Warum sollen wir nicht diese Zuversicht zu der Wahrhaftigkeit unseres Denkens festhalten, die unsere natürliche dem Zweifel vorangehende Stimmung ist? warum sie nicht bis zu der Ueberzeugung steigern, der sachliche Inhalt des Vorstellens sei an keine anderen Gesetze als an die gebunden, die das Denken ihm auflegt? so daß es nur sorgfältiger Aufmerksamkeit auf alle Feinheiten in dem logischen Verfahren des Geistes bedürfte, um in ihm wie in einem Spiegelbilde die eigenen realen oder objectiven Entwicklungsformen alles Seins zu finden? So entsteht die Ueberzeugung von einer realen Bedeutung des Denkens, in ihren allgemeinsten Zügen die frühere in der Entwicklung des menschlichen Geistes, ein Erzeugniß der Neuzeit in der ausdrücklichen Steigerung, die wir ihr zuletzt gaben; zwischen ihr und der entgegengesetzten Ansicht hat die Geschichte der Philosophie einen langen Streit zu erzählen. Wir können ihn nicht dadurch entscheiden, daß wir den logischen Formen und Gesetzen die des realen Seins und Geschehens vergleichend gegenüberstellten, denn wir haben keine Kenntniß der letztern, an der nicht das Denken bereits mitwirkend Theil hätte; aber wir können fragen, wie denn das Denken selbst über die Bedeutung seiner eignen Handlungen urtheilt, und inwieweit es diejenigen Formen, die es als psychische Bewegung des denkenden Subjects annehmen muß, für Eigenbestimmtheiten des von ihm bearbeiteten Inhalts ausgibt.

335. Welche Handlung des Denkens wir auch ins Auge fassen: keine besteht in dem bloßen Vorhandensein zweier

Vorstellungen a und b in demselben Bewußtsein, jede in dem, was wir eine *Beziehung* der einen Vorstellung *auf* die andere nennen. Nach ihrer Ausführung läßt diese Beziehung sich als eine dritte Vorstellung C fassen, aber weder ist dann C gleichartig mit a und b, noch ist sie ein blos mechanischer Effect von Gegenwirkungen, die nach irgend einem Gesetz zwischen beiden, als psychischen Vorgängen von bestimmter Größe und Verschiedenheit, stattgefunden hätten. Als einfachste Beispiele mögen Gleichsetzung und Unterscheidung zweier Vorstellungsinhalte dienen. Setzen wir a gleich a, so ist ohne Zweifel die Vorstellung a doppelt in unserem Bewußtsein; aber welche mechanische Analogie wir auch anwenden, nie folgt aus diesem Umstande etwas Anderes, als daß entweder beide a für eines zählen, weil sie ohne Unterschied einander decken, oder daß sie, als gleichartige Erregungen der Seele, zu einer dritten Vorstellung von größerer Stärke verschmelzen, oder daß es bei ihrem getrennten Bestehen lediglich sein Bewenden habe. Ihre *Vergleichung* aber, die zu der Vorstellung C der Gleichheit führt, besteht weder in ihrem bloßen Zusammensein noch in ihrer Vermischung; sie ist eine jetzt erst angeregte völlig einheitliche That der Seele, welche beide Vorstellungen zugleich festhält, von der einen zur andern übergeht und sich bewußt wird, während dieses Ueberganges und durch ihn keine Veränderung ihres vorstellenden Zustandes oder Handelns erfahren zu haben. Vergleichen wir ferner zwei verschiedene Vorstellungen a und b, Roth und Gelb. Zwei äußere Reize, die für sich einwirkend je eine dieser Empfindungen erweckt hätten, mögen gleichzeitig wirkend in dem Nerven, durch den sie sich noch als physische Zustände fortsetzen, in eine dritte mittlere Erregung verschmelzen können, die der Seele nur Veranlassung zu einer einfachen dritten Empfindung gäbe; zwei Vorstellungen, die als solche einmal in der Seele entstanden sind, erfahren diese Vermischung nicht. Geschähe sie, so wäre mit dem verschwundenen Unterschiede auch Anlaß und Möglichkeit der Vergleichung und hiermit in weiterer Folge die Möglichkeit alles Denkens und Erkennens verschwunden. Denn sichtlich beruht jede Beziehung darauf, daß die verschiedenen Inhalte unverfälscht durch eigene Wechselwirkungen in dem Bewußtsein aufbewahrt bleiben, daß die einheitliche Thätigkeit, welche sie zusammenfassen will, sie als solche vorfindet und zwischen ihnen hin und hergehend sich der entstehenden Aenderung ihres eignen vorstellenden Zustandes bewußt wird. Indem ich mich so ausdrücke, fühle ich vollständig die Berechtigung des Vorwurfs, daß meine Bezeichnung dieser Thätigkeit lauter unconstruirbare Umschreibungen enthalte. Aber dies ist es eben, was deutlich werden muß, daß die geistigen Vorgänge, auf denen alles Denken beruht, keinerlei Aehnlichkeit mit dem physischen Geschehen haben, nach dessen Analogien solche Klagen sie modellirt sehen möchten. Eine Thätigkeit, die nicht einfach eine Bewegung ist, sondern eine Bewegung ausübt, auf zwei Objecte sich bezieht, ohne sie doch zu ändern, endlich sich der Richtung und Größe des zurückgelegten Weges an dem Unterschiede ihrer eigenen Zustände bewußt wird, läßt sich nicht auf das gewöhnliche Schema von unveränderlichen Elementen mit veränderlichen Relationen, von Gleichheit der Wirkung und der Gegenwirkung bringen; dennoch ist sie etwas, dessen Wirklichkeit wir alle empfinden; ist doch eben sie das Werkzeug, durch das wir auch jene bewunderten Constructionen ausführen. In dieser ihrer ganzen Eigenthümlichkeit muß man sie gelten lassen und zu ihrer Bezeichnung neue ihr Wesen nicht verfälschende Grundbegriffe suchen, deren Mangel wir noch fühlen, und die ich keineswegs durch meine sehr unvollkommenen Ausdrucksweisen für gefunden halte.

336. In unserem Beispiele waren a und b, Roth und Roth oder Roth und Gelb unmittelbare Gegenstände einer Anschauung. Die Vorstellungen C der Gleichheit oder Verschiedenheit, die wir als Ergebniß der angestifteten Beziehung erhielten, sind dies nicht mehr; als Verhältnisse des einen zum andern, als Gleichheit des a mit a, als Verschiedenheit des a von b, lassen sich die Inhalte beider nicht ohne die mitreproducirten Vorstellungen dieser ihrer Beziehungspunkte und nur durch Miterinnerung eben jener Bewegung wirklich denken, die uns von dem einen zum andern hinüberführte. So oft daher der Name der Gleichheit oder des Unterschieds uns genannt wird, werden wir zur Wiederholung aller jener Bewegungen aufgefordert, durch die allein es möglich ist, ihren Sinn zu erfassen; aber indem wir das Ergebniß, welches wir denkend erzeugen wollen, dahin aussprechen, daß a gleich a oder a verschieden von b sei, drücken wir die Ueberzeugung aus, daß die sachliche Erkenntniß, die zu gewinnen war, ganz und ungetheilt in diesem letzten Schritte liege; nicht dem a und dem b schreiben wir jene hin und hergehende Bewegung zu, durch welche wir dies ihr Verhält-

niß zu einander fanden; sie bildet vielmehr nur einen psychischen Vorgang, ohne den dieses Ergebniß weder zuerst zu erreichen noch in der Erinnerung zu wiederholen ist, der aber doch, gleich einem Lehrgerüst, das man nach vollendeter Arbeit wieder abbricht, von der sachlichen Bedeutung unserer Denkhandlung wieder abgezogen werden muß. So zeigt sich hier zuerst, in einem einfachsten Falle, der Gegensatz der blos formalen Bedeutung unserer Denkhandlung zu der realen ihres Productes. Ehe ich diese Spur weiter verfolge, erinnere ich an zwei Reihen von Vorgängen, die im Großen dasselbe bestätigen, was wir hier an einem bestimmten Beispiel fanden. Zuerst erhalten wir die sinnlichen Anschauungen, von denen unser Denken ausgeht, fast alle in räumlicher Gestalt Ordnung oder Beziehung; durch symbolische Benutzung dieser Form suchen wir daher jedem verwickelten Verhältniß die ihm sonst fehlende Anschaulichkeit zu geben; wir ersetzen Unterschiede durch Entfernungen von bestimmter Größe und Richtung, Vielheit des Gleichen durch Zerstreuung in verschiedene Raumpunkte, Identität des Einen mit sich selbst durch einen unveränderlichen Ort, an den unsere Vorstellung immer zurückgeführt wird; wir finden endlich Schwierigkeit für die Klarheit begreifender Uebersicht, wo die Natur der räumlichen Schemata zum Ausdruck der Vielseitigkeit denkbarer Beziehungssysteme nicht ausreicht. Dennoch sind wir uns bewußt, damit nicht das Wesen der Sache bezeichnet zu haben; alle diese Symbolisirungen waren subjective Hülfsmittel, benutzbare Wege für das Denken, das sein eigentliches Ziel C durch Hin- und Hergehen auf ihnen zu erreichen hat; was wir meinen, ist unabhängig von der Art, wie wir es verbildlichen. Der Ausdruck unserer Gedanken ist zweitens an die Sprache, längst auch ihr innerer Verlauf an die Reproduction der Worte gewöhnt; Wahrnehmungen Erinnerungen und Erwartungen haben volle Klarheit kaum, bis wir für sie erschöpfende Ausdrücke in Sätzen der Sprache gefunden. Der so erreichte Vortheil hängt nicht eigentlich an der Sprache und ihren Lauten, sondern an einer innern Arbeit der Zergliederung und Verknüpfung, welche dieselbe bliebe, auch wenn sie andere Formen der Mittheilung benutzte; thatsächlich aber, nachdem die Sprache zu diesem Zweck entstanden, ist Form und Leichtigkeit der Denkbewegungen allerdings von den Mitteln abhängig, welche sie darbietet, und deshalb selbst national verschieden, nachdem mancherlei Ursachen sich verbunden haben, Bau und Fügung verschiedener Sprachen ungleichartig zu machen. An sich ist daher, was wir logisch *meinen*, unabhängig von der Art, wie wir es sprachlich ausdrücken; in wirklicher Ausführung ist aber doch alles menschliche Denken genöthigt, den gemeinten Gedanken durch Trennungen Verknüpfungen und Umformungen der Vorstellungsinhalte herzustellen, welche die Sprache in ihren Worten verfestigt hat. Nur mit diesem *discursiven* Charakter, im Gegensatz zur Anschauung, ist das Denken eine psychische Thatsache; mit diesem Charakter ist es auch Gegenstand unserer logischen Darstellung gewesen und nie überhaupt hat Logik sich mit einem Denken beschäftigt, das seine verschiedenen Vorstellungen nicht nach einander zum Zielpunkt seiner Aufmerksamkeit gemacht, nicht vergleichend und beziehend sich zwischen ihnen bewegt, nicht Abstractes räumlich symbolisirt, nicht endlich seine Gedanken in Constructionen einer Sprache ausgedrückt hätte. Wir müssen daher erwarten, in dem, was wir logische Handlungen, Formen und Gesetze nennen, viel eines blos *formalen* Apparates zu finden, der, obwohl zur Ausübung des Denkens unentbehrlich, doch der *realen* Bedeutung entbehrt, die das Denken dem Endergebniß seines Thuns allerdings zuschreibt.

337. Kehren wir zu diesem Ergebnisse jetzt zurück. Wenn wir, a und b vergleichend, uns einer Veränderung C bewußt werden, die *wir* im Ueberagang von einem zum andern erleiden, so wird zwar gewiß C von der Natur jener beiden Beziehungspunkte abhängen, denn C wird anders und zu C^1 werden, wenn c und d an deren Stelle treten; dennoch scheint C von diesem sachlichen Verhalten nur *abzuhängen*, nicht aber identisch es *abzubilden*; als unsere subjective Erregung erreicht es den sachlichen und objectiven Gehalt des zu Erkennenden nicht. Diesen grübelnden Einwurf würde ich nicht erwähnen, wenn er nicht Veranlassung gäbe, auf die schwer zu definirende Natur des Vorstellens zurückzukommen. Das Vorstellen ist nicht das, was es vorstellt, die Vorstellung nicht das, was sie bedeutet; nicht nur in dem handgreiflichen Sinne, daß weder jenes noch diese die vorgestellte Sache selbst ist; vielmehr auch die einfachsten Vorstellungen, die nur denkbaren Inhalt bezeichnen, haben diesen Inhalt nicht zu ihrem eigenen Prädicat: die Vorstellung des Gelben ist nicht gelb, die des Dreieckigen nicht dreieckig, die des Furchtsamen nicht furchtsam und die Vorstellung des Halben

nicht halb so groß als die des Ganzen. Gleichwohl ist das Vorstellen von diesem seinem Inhalt nicht so trennbar, daß es für sich sein geschehen oder sich ändern könnte; es ist nur, indem es vorstellt, was es selbst nicht ist; es ändert sich nur, indem es einen dieser Inhalte mit dem andern vertauscht; es wird mithin auch die Veränderung seiner eigenen Zustände, deren es sich bewußt wird, nur in der Veränderung der vorgestellten Inhalte bestehen, die es in einer einheitlichen Thätigkeit vergleichend zusammenfaßt; sie kann nicht in einer andersgearteten Affection gesucht werden, die das Bewußtsein nur in Folge seiner Erregung durch jene Vorstellungsinhalte erlitte, und die ihm, abgetrennt von diesen, als eine deren eigenem Verhältnisse unähnliche Vorstellung C merkbar würde. Wer Roth und Gelb in gewissem Grade verschieden und doch verwandt findet, wird sich ohne Zweifel dieser beiden Beziehungen nur mit Hülfe der Veränderungen bewußt, die er, als vorstellendes Wesen, bei dem Uebergang von der Vorstellung des einen zu der des andern erfährt, aber er hegt dabei nicht die Befürchtung, das Verhältniß von Roth und Gelb könne an sich noch ein anderes sein, als das der Affectionen, welche sie beide ihm veranlassen; an sich etwa sei Roth dem Gelb gleich und erscheine blos uns verschieden von ihm, oder an sich finde zwischen beiden ein größerer Unterschied statt, der nur uns noch eine gewisse Verwandtschaft einzuschließen scheine. Solche Bedenken hätten Grund, wo wir unsere Gedankenwelt zu einer außer ihr vorausgesetzten Sachenwelt in Beziehung brächten; so lange jedoch statt dieser unsere eignen Vorstellungen unsern Gegenstand bilden, zweifeln wir nicht, daß die bei ihrer Vergleichung erfahrenen Gleichheiten oder Unterschiede unseres Vorstellens zugleich ein sachliches Verhalten unserer Vorstellungs*inhalte* bedeuten.

338. Wie aber ist dies doch eigentlich möglich? wie können Sätze: a *sei* gleich a oder a *sei* verschieden von b, ein sachliches Verhalten ausdrücken, das folglich unabhängig von unserem Denken bestände und von ihm nur aufgefunden oder anerkannt würde? Mag Jemand noch zu wissen glauben, was er unter der an sich bestehenden Gleichheit des a mit a sich denke, wie wird er aber über den an sich bestehenden Unterschied *zwischen* a und b urtheilen? und welches sachliche Verhalten wird diesem *Zwischen* entsprechen, das uns nur verständlich ist, so lange es an die räumliche Entfernung erinnert,

welche wir, als wir a und b vorstellten, symbolisirend zu beider Auseinanderhaltung und zugleich als den verbindenden Weg einschalteten, auf dem unser Vorstellen von dem einen zu dem andern übergehen konnte? Oder anders ausgedrückt: da Verschiedenheit weder Prädicat des a für sich noch des b für sich ist, wessen Prädicat ist sie? und wenn sie nur Sinn hat, sobald a und b auf einander bezogen sind, welche sachliche Verbindung findet denn zwischen a und b dann statt, wenn wir die beziehende Thätigkeit als nicht ausgeübt betrachten, durch welche wir in unserem Bewußtsein beide in Verbindung setzten? Diese Fragen nicht beachtet zu haben ist der Grund mancher Irrungen der antiken Dialektik; was Dingen nur in der gegenseitigen Beziehung zukommen kann, die unser zusammenfassendes Denken zwischen ihnen anstiftet, wurde, nicht ohne der logischen Einbildungskraft Gewalt anzuthun, als Prädicat der einzelnen auf sich beruhenden ausgesprochen. Damit a und b verschieden seien, ohne unser Denken zu ihrer Unterscheidung zu bedürfen, wurde jedem der beiden zugeschrieben, an sich ein ἕτερον zu sein, und die Vergleichung mit dem andern sollte dabei ungedacht bleiben, die doch diesem Ausdruck allein Bedeutung gibt; die Verneinung, die das Denken durch seine vergleichende Unterscheidung ausspricht, indem es sagt, a sei nicht b, kam an dem a für sich als ein positives Prädicat, mit Hinweglassung des verneinten Beziehungspunktes b, als ein seiendes Nichtsein mithin, zu eigner Wirklichkeit, und diese Unklarheit galt für einen großen Fund des Tiefsinns; wenn b kleiner als a und größer als c, so war es ein ärgerliches Räthsel, wie die von ihren Beziehungspunkten abgelösten und nun einander widerstrebenden Prädicate des Kleinerseins und des Größerseins sich an demselben b vertragen mögen. Diesen Irrungen im Einzelnen zu folgen, würde nicht ohne vielseitiges Interesse sein, aber zu weitläufig für unsere Darstellung, die sich mit folgendem Abschluß begnügen mag. Sind a und b, wie bisher, nicht Dinge von unabhängiger, unserem Denken jenseitiger Wirklichkeit, sondern vorstellbare Inhalte, wie Roth und Gelb Gerade und Krumm, so besteht eine Beziehung zwischen ihnen nur, sofern wir sie denken, und dadurch daß wir sie denken. Aber so ist unsere eigene Seele beschaffen, und so setzen wir jede andere voraus, deren Inneres der unseren gleicht, daß dieselben a und b, so oft sie und von wem sie auch vorgestellt werden mögen, stets im Denken dieselbe nur durch das Denken und nur in ihm bestehbare Beziehung hervorbringen werden. Unabhängig ist diese daher von dem einzelnen denkenden Subject und unabhängig von einzelnen Momenten seines Denkens; hierin allein liegt das, was wir meinen, wenn wir sie als an sich bestehend zwischen a und b betrachten und sie von unserem Denken wie ein für sich dauerndes Object auffindbar glauben; sie steht wirklich so fest, aber nur als ein Ereigniß, das im Denken stets unter gleichen Bedingungen gleich sich erneuern wird. Und dies gilt nicht allein von dem Unterschiede, sondern von jedem Verhältniß, das wir zwischen a und b auffinden. So oft von irgend einem Geiste ein vollkommener Kreis vorgestellt wird, so oft wird zwischen seinem Durchmesser und seinem Umfang, hier freilich nur durch eine Reihe von Zwischengedanken, das Verhältniß $1:\pi$ gefunden werden; deshalb gilt diese Proportion an sich, aber obwohl sachlich gültig, hat sie doch ein Sein nur in Gestalt des Denkens, welches sie auffaßt. Es verhält sich anders, wenn a und b ausdrücklich Wirklichkeiten Dinge Wesen bedeuten, die wir denkend nicht erzeugen, sondern als jenseitige Gegenstände anerkennen; dann drückt der Name der Beziehung weniger aus, als wir zwischen diesen Beziehungspunkten wirklich bestehend denken müssen. Nur so lange wir blos die vorstellbaren Inhalte dieser a und b in willkürlicher Zusammenstellung vergleichen wollen, würden wir durch Behauptung einer Beziehung zwischen ihnen, richtiger dann zwischen ihren Vorstellungen oder Denkbildern, unseren Gedanken vollständig ausgedrückt haben. So oft wir dagegen, um eine in der Wahrnehmung uns aufgenöthigte Verbindung dieser Vorstellungen zu erklären, uns auf eine Beziehung C berufen, die an sich eben nicht zwischen ihnen, sondern zwischen den Dingen a und b bestehe, deren Denkbilder sie für uns sind, so müssen wir inne werden, daß das, worauf wir uns hier berufen, nicht eine Beziehung zwischen a und b, und deshalb überhaupt nicht mehr eine Beziehung in dem gewöhnlichen Sinne dieses Namens sein kann. Denn nur unser Denken, indem es von der Vorstellung a zu der Vorstellung b übergeht und sich dieses Uebergangs bewußt wird, erzeugt als eine für es selbst verständliche Anschauung das, was wir hier ein Zwischen nennen; ganz unausführbar dagegen würde jeder Versuch sein, dieser Beziehung, zugleich Trennung und Verknüpfung des a und b, die nur die Erinnerung an eine durch die Einheit unseres Bewußtseins vollziehbare Denkhandlung ist, eine reale Geltung der Art zu geben, daß sie etwas wäre auch abgesehen von dem Bewußtsein, welches sie denkt. Unabhängig von unserem Vorstellen, in objectiver Geltung, kann diese angebliche Beziehung nur bestehen, wenn sie mehr ist als Beziehung, und sie besteht dann nicht zwischen a und b, denn dieses Zwischen selbst ist nirgends als in uns, sondern in beiden als ein Wirken und Leiden, das sie wechselseitig auf einander ausüben und von einander erfahren, und das nur für uns, wenn wir es denken, logisch die abgeschwächte und seine volle Bedeutung nicht mehr erreichende Form einer Beziehung annimmt. Ich muß der Metaphysik überlassen, zu zeigen, zu welchen Folgerungen diese Bemerkung führt; auf Einiges, was mit ihr zusammenhängt, komme ich bald zurück.

339. Die Vergleichung von a und b führt nicht blos zu Gleichsetzung oder Unterscheidung; in Gestalt eines Allgemeinen suchen wir auch das Gleiche im Verschiedenen zum Inhalte einer gesonderten Vorstellung C zu machen. Es ist eine häufige kritische Bemerkung der Logik, daß unsere allgemeinen Begriffe die Festigkeit nicht besitzen, die wir ihnen im gewöhnlichen Gebrauch des Denkens zutrauen; ihr Inhalt und ihre Gliederung bilde sich allmählich aus und derselbe Begriff bedeute Verschiedenes für verschiedene Entwicklungsstufen unserer immer hinzulernenden Erkenntniß. Dies gilt in sehr deutlicher Weise von Begriffen, deren Inhalt blos aus Erfahrung stammend erst nach und nach uns bekannt wird; nicht ebenso unvollendbar wird man die Begriffe einer Ganzzahl oder eines Bruches, einer Linie oder Figur finden. In dem Begriff des Dreiecks denkt der Geometer nicht mehr als sein aufmerksamer Schüler; aber bei diesem Begriffe erinnert er sich zahlreicher Relationen, die diesem noch unbekannt sind; so scheint es als sei für ihn der Begriff des Dreiecks reicher an Inhalt, während nur sein Wissen über ihn ausgedehnter ist. Dies dahinstellend hebe ich vielmehr hervor, daß jeder Allgemeinbegriff, auch wenn wir nur denjenigen Inhalt in Betracht ziehen, den er in einem einzelnen Augenblicke ausdrücken soll, eine in wirklicher Vorstellung unvollendbare Aufgabe bezeichnet. Ein bestimmtes Roth und Blau kann man sehen; die allgemeine Farbe läßt sich weder sehen, noch in gleich anschaulicher

Gestalt, wie die Erinnerungsbilder von Roth und Grün, der Einbildungskraft gegenüberstellen. Wer von Farbe überhaupt spricht, rechnet darauf, der Hörende werde zunächst das anschauliche Bild einer Einzelfarbe, des Roth vielleicht, in sich erzeugen, zugleich aber es mit einer Verneinung begleiten, die es nicht für sich, sondern als Beispiel des Allgemeinen gelten läßt; diese Verneinung aber, wenn sie nicht allen Inhalt aufheben soll, kann er nur ausführen, wenn er zugleich Einzelbilder anderer Farben mitvorstellt und von der einen dieser Vorstellungen zur andern übergehend sich des bleibenden Gemeinsamen in seinen veränderlichen Vorstellungszuständen bewußt wird. Eine solche Reihenfolge psychischer Thätigkeiten schreibt uns der ausgesprochene Name jedes Allgemeinen vor; erreichbar aber als wirkliche Vorstellung ist das nicht, was durch diese Thätigkeiten gesucht wird; niemals läßt sich, was Roth und Grün zu Farben macht, von dem abtrennen, was Roth zu Roth und Grün zu Grün macht. Man pflegt als selbstverständlich zuzugeben, daß die Gattung eines Wirklichen nicht für sich wirklich sei; das Einzelpferd sehe man, das allgemeine laufe nirgends; aber man muß sich überzeugen, daß auch im Denken das Allgemeine immer nur als eine angestrebte, nie vollzogene Vorstellung über den anschaulichen Bildern seiner Einzelbeispiele schwebt. Diesen inneren Bewegungen in uns kann keine sachliche Bedeutung zukommen; sie bleiben subjective Anstrengungen unseres Geistes, und selbst die Art, wie wir ihr Ergebniß ausdrücken: der Inhalt des Allgemeinen sei enthalten in dem Inhalt des Besondern, dieses in dem Umfang des Allgemeinen, bezeichnet nur in räumlicher Symbolik die Denkbewegungen, die ein sachliches Verhältniß zwischen beiden vorzustellen streben. Da wir nun überdies in wirklicher Vorstellung nicht erreichen, was wir suchen, hat denn dann das Allgemeine überhaupt eine sachliche Bedeutung? Oder hat eine weitverbreitete Meinung Recht, nur in dem psychischen Mechanismus die Ursache zu sehen, die uns verleitet, ähnliche Eindrücke mit Vermischung ihrer Unterschiede und zuletzt nur mit Schaden für die Genauigkeit des Denkens unter gemeinsame Namen zusammenzufassen? Aber diese Meinung gibt zu, was sie leugnen will; um zu begreifen, daß nicht alle, sondern nur ähnliche Vorstellungen diese Zusammenziehung in ein Gemeinsames erfahren, setzt sie eben die Aehnlichkeit derselben und hiermit offenbar nur in anderer Form die sachliche Gültigkeit unserer Annahme eines Allgemeinen voraus, das in ihnen, wie unabtrennbar auch immer, enthalten sei. Wäre es anderseits nur eine angeborene Bestrebung des Denkens, Allgemeines zu suchen, so möchte immerhin dies Streben ohne sachliche Bedeutung sein; aber die Thatsache, daß das Gesuchte gefunden wird, gibt ihm diese doch. Ich widerspreche mir hier nur scheinbar; denn obgleich das Allgemeine nicht als anschauliche Vorstellung fixirt werden kann, erfolglos ist doch die Bemühung nicht, es zu denken. Wir könnten Roth und Blau nicht einmal dem allgemeinen Namen der Farbe unterordnen, wenn das Gemeinsame in ihnen nicht wäre, dessen Bewußtwerden wir durch die Schöpfung dieses Namens bezeugen; wir könnten von Thieren und Pflanzen keine Gattungsbegriffe bilden, wenn nicht die Merkmale der einzelnen und ihre Verbindungsweisen die Vergleichbarkeit wirklich besäßen, die uns erlaubt, sie allgemeinen Merkmalen und Formen unterzuordnen und durch Einsetzung dieser anstatt ihrer das allerdings unanschauliche Denkgebild der Gattung zu erzeugen. In der Thatsache mithin, daß wir Allgemeines denken können, liegt allerdings eine Behauptung von realer Geltung: die Welt der vorstellbaren Inhalte, die wir denkend nicht erzeugen, sondern vorfinden, zerfällt nicht atomistisch in lauter singulare Bestandtheile, deren jeder unvergleichbar mit anderen wäre, sondern Aehnlichkeiten Verwandtschaften und Beziehungen zwischen ihnen finden so statt, daß das Denken, Allgemeines bildend, Besonderes ihm unterordnend und einander nebenordnend, durch diese seine formalen und subjectiven Bewegungen mit der Natur des sachlichen Inhalts zusammentrifft.

340. Gehen wir von diesen einfachsten Fällen zu den Hauptformen der logischen Thätigkeit über, so begegnet uns in Bezug auf die Bedeutung der allgemeinen Begriffe der Streit des Nominalismus und des Realismus, der das Mittelalter heftig bewegte. Beide Richtungen faßten den Gegenstand der Frage nicht in rein logischem Sinne; überwiegend metaphysisches Interesse ließ sie die Innenwelt unserer Vorstellungen hauptsächlich in ihrem Verhältniß zu der Welt der Dinge betrachten. So kam der Realismus dahin, mit Uebertreibung der mißverstandenen Selbständigkeit platonischer Ideen, den Allgemeinbegriff für das wahrhaft Seiende in den Dingen, Alles aber, wodurch eines seiner verwirklichten Beispiele sich von den andern unterscheidet, als eine freilich sehr räthselhafte, aber

secundäre Nebenbestimmung anzusehen, die vergänglich zu der ewigen Substanz des Allgemeinen hinzutrete; der Nominalismus, von der richtigen aristotelischen Ueberzeugung beginnend, die Wirklichkeit des Seins gehöre nur dem Einzeldinge, fand keinen Weg, mit dieser die Geltung des Allgemeinen zu vereinigen, sah in den Begriffen höchstens subjectiv verwendbare Mittel für die Ordnung unserer Vorstellungen ohne Bedeutung für die vorgestellten Dinge, und verirrte sich, auch dies noch leugnend, bis dahin, sie nur als aussprechbare und hörbare Laute ohne wirklichen Denkinhalt gelten zu lassen. Ich vermeide zunächst jene ausschließliche Beziehung auf das Sein; sie beschränkt widerrechtlich den Sinn der Frage; auch wo es sich in Mathematik nicht um Dinge und ihr Wesen handelt, auch wo praktische Philosophie und Jurisprudenz von Tugenden und Verbrechen sprechen, die sein sollen oder nicht sollen, überall ferner wo im Leben eine wichtige Entscheidung durch Unterordnung einer gegebenen Sachlage unter einen allgemeinen Begriff gesucht wird: überall da kommt die gesetzgebende Bedeutung des Allgemeinen für diese sachlich, aber doch nicht dinghaft, uns gegebenen Inhalte in Betracht.

341. Entwöhnt man sich, nur naturgeschichtliche Gattungsbegriffe als Beispiele des Allgemeinen zu denken, erinnert sich vielmehr, daß wir auch von Figuren und Zahlen Ereignissen und Verhältnissen Wahrheiten und Irrthümern allgemeine Begriffe bilden, so verschwindet die abenteuerliche Neigung von selbst, ihnen als solchen eine dinghafte oder doch wesenhafte Realität zuzuschreiben. Die Urbilder selbständiger Geschöpfe, der Pflanze des Thieres des Menschen, mag allenfalls unsere Einbildungskraft in einer hypostasirten Ideenwelt in ewiger Wirklichkeit für sich bestehen lassen, Gegenstände der Anschauung für eine Seele, die noch nicht an die Beschränkungen ihres irdischen Daseins gebunden wäre; aber die Allgemeinbegriffe von Ruhe und Bewegung Gleichheit und Gegensatz Thun und Leiden könnten auch in jener Welt nicht in gleichartiger Wirklichkeit neben ihnen sein, sondern nur als prädicative Bestimmungen von ihnen gelten. Diese leicht einzusehende Nothwendigkeit vergessen wir freilich zuweilen: Eigenschaften Verhältnisse oder Ereignisse, an deren Inhalt sich ein hervorragendes Interesse der Verehrung oder der Furcht knüpft, sind wir geneigt, mit Verkennung ihrer dennoch nur prädicativen Natur als All-

gemeinheiten von wesenhafter Wirklichkeit zu behandeln; von dem Schönen an sich sprechen wir wie von einem Wesen, das nur uns unzugänglich sei, aber an sich ein Gegenstand möglicher Anschauung; von der Sünde reden wir nicht nur wie von einer That, die wirklich wird, wenn wir sie begehen, sondern auch wie von einer selbständigen Macht, die wesenhaft auf uns einwirke. Wir verwechseln hier die Wichtigkeit, die dem Inhalt beider Begriffe in dem Ganzen der Weltordnung gebührt, mit einer Form der Wirklichkeit, die ihm unzugänglich ist, und die nur am ausdrucksvollsten seine Unabhängigkeit von unserer Anerkennung hervorhebt. Dieser falschen und nicht ungefährlichen Gewohnheit entsagen wir doch leicht; nur die Allgemeinbegriffe dessen, was nach der Natur seines Inhalts substantivische Fassung ursprünglich verlangt, unterhalten länger die Neigung zu solcher Hypostasirung; auch sie jedoch weicht vor einer einfachen Betrachtung. Nicht nur einmal bilden wir ja, von dem Einzelnen der Wahrnehmung ausgehend, ein Allgemeines Q, sondern auch dies verbinden wir mit einem andern seines Gleichen zu einem höheren Allgemeinen P, und indem wir dieses Verfahren fortsetzen, ist es zugleich in weiten Grenzen in unser logisches Belieben gestellt, durch wie viele ebenfalls allgemeine Mittelglieder wir Q mit dem höchsten Allgemeinen A, bei dem unsere Abstraction anhalten wird, in Verbindung setzen wollen. Jedes dieser Allgemeinen würde gleiches Recht auf jene wesenhafte Existenz haben; neben das allgemeine Thier an sich träte in gleicher Wirklichkeit das allgemeine Wirbelthier, das Säugethier an sich, der allgemeine Einhufer, das Pferd an sich und der allgemeine Rappe; n e b e n einander, sagte ich absichtlich, denn es gäbe in der That keine Vorstellungsweise, durch welche wir die Unterordnung, vermöge deren in unserem Denken einer dieser Allgemeinbegriffe den andern einschließt, auf diese Wesen von gleichartiger Wirklichkeit des Seins übertragen könnten; so neben einander gestellt aber würden sie das nicht mehr bedeuten, was sie bedeuten wollen. Die Einsicht befestigt sich daher, daß diejenige Realität, die wir den durch unser Denken erzeugten Allgemeinbegriffen zuerkennen wollen, völlig unähnlich einem Sein ist und nur in einer Geltung v o n dem Seienden bestehen kann. Aber wie viel von dem Ganzen eines Allgemeinbegriffs diese Geltung besitze und was es überhaupt heiße, sie zu besitzen, bedarf noch einiger Erörterung.

342. Ich erinnere zunächst daran, daß es sich hier nicht um einen objectiven Werth handelt, der diesem oder jenem der von uns erzeugten Allgemeinbegriffe auf Grund seines richtig zusammengefügten Inhalts zukommen mag; die Frage bezieht sich auf die allgemeine Bedeutung der logischen Form des Allgemeinbegriffes; daß dieser, wie jeder andern von den Formen, welche die Logik als Ideale vorzeichnet, ein ihr anzupassender Inhalt gegeben werden kann, bedarf besonderer Erwähnung nicht; aber die Kritik dieser unzähligen Anwendungen der Begriffsform ist keine hier zu lösende Aufgabe. Nun dachten wir einen Inhalt S dann in der Form des Begriffs, wenn wir seine mannigfachen Bestandtheile nicht nur als ein Ganzes überhaupt zusammenfaßten, sondern ein Allgemeines M mitvorstellten, von dessen in bestimmter Weise verknüpften allgemeinen Merkmalen P Q . . jedes in S zu einer besondern Modification p' q' determinirt war. Diese Structur unseres Begriffes entspricht keinem Vorgang, der in der Natur eines Dinges oder Gegenstandes vorkäme; sie entspricht auch dem nicht, was wir als die eigne Natur eines zwar sachlich, aber nicht dinghaft gegebenen Inhalts bezeichnen könnten. Es gibt keinen Augenblick in dem Leben einer Pflanze, in welchem sie nur allgemeine Pflanze oder Conifere an sich wäre und von späteren Einflüssen, die unsere hinzukommende logische Determination ersetzten, Entscheidung darüber erwartete, zu welchem bestimmten Baume sie auswachsen solle. Allerdings ist die Pflanze das, was sie zuletzt wird, nicht schon als vollständige Miniatur im Keime; aber ihre Entwicklung erfolgt nicht so daß hinzutretende Bedingungen eine Determination in allgemeiner und unbestimmter Gestalt vorhandener Merkmale erzeugten, sondern zu völlig bestimmten treten sie hinzu und bringen im Verein mit ihnen neue Folgen hervor, die nicht als mögliche Arten in den Umfängen früherer allgemeiner Merkmale lagen und jetzt nur, mit Ausschluß aller disjuncten, zur Wirklichkeit kämen. Ellipsen haben keine natürliche Existenz und Entwicklung wie Pflanzen; aber auch in ihre Natur dringen wir doch nicht dadurch mit ausschließlicher Wahrheit ein, daß wir sie zuerst als Curven überhaupt mit den allgemeinen Eigenschaften aller krummen Linien denken, und dann diese Eigenschaften bis zu der Besonderheit determiniren, die dieser Curve als solcher gehört; so können wir zu ihrem Begriffe kommen, dann nämlich, wenn in unserer ungeübten Erinnerung zuerst

nur die allgemeinen Umrisse der Figur auftreten, nach der man uns fragt, und erst nachfolgende Besinnung sie uns bestimmter zeichnen lehrt; in den mathematischen Gleichungen, mögen sie die Gestalt der Linie auf ganz willkürliche Ausgangspunkte beziehen oder auf eine ihrer graphischen Entstehungsarten Rücksicht nehmen, ist die Krümmung selbst gar nicht direct ausgedrückt, sondern nur als eine Folge, die man aus den bestimmten Verhältnissen der Coordinaten ableiten kann. Diese Betrachtungen gelten ebenso von der classificatorischen Unterordnung der Begriffe; sie hat keine reale Bedeutung für die eigne Structur und Entwicklung der Dinge. Weder ist dies Pferd zuerst Thier überhaupt gewesen, dann Wirbelthier im Allgemeinen, später Säugethier an sich und zuletzt erst Pferd geworden, noch kann man in jedem Augenblick seines Daseins die völlig determinirte Gruppe von Merkmalen, die es zum Pferd macht, von der allgemeineren und weniger bestimmten, durch die es Wirbelthier wäre, und von der unbestimmtesten, die es nur zum Thiere überhaupt gestaltete, in irgend einer Weise selbständig absondern. Und hierzu kommt, daß nicht nur auf Grund mangelhafter Kenntniß und Beobachtung verschiedene Classificationen sich über dieselben Gegenstände streiten und zwischen ihnen und dem höchsten Allgemeinen verschiedene Stufenleitern allgemeiner Begriffe einschalten; sondern an sich ist das logische Recht des Denkens unanfechtbar, von beliebig gewählten Gesichtspunkten aus dasselbe S verschiedenen höhern Allgemeinbegriffen unterzuordnen, oder durch sehr abweichende Reihen aufeinanderfolgender Determinationen seinen Begriff zu construiren. Im Hinblick auf bestimmte Zwecke einer Untersuchung können wir dann fragen, welche dieser Constructionen vorzuziehen sei, weil sie den Gegenstand am günstigsten für die Unterordnung unter die hier entscheidenden Grundsätze darstelle; wüßten wir uns im Besitz einer Kenntniß der höchsten Principien des ganzen Weltlaufs, welche die Entscheidungsgründe aller Sonderfragen einschlössen, so könnten wir noch weiter aus den verschiedenen gleichmöglichen Begriffen eines Gegenstandes jenen vornehmsten auszuwählen suchen, der in *dieser* Classification seine Stelle bezeichnete, und in welchem als ableitbare Folgen alle jene anderen Begriffe desselben mit enthalten wären. Allein so sehr wir auch, wenn uns dies gelänge, den Erkenntniß*werth* dieses Begriffes durch die Wichtigkeit seines Inhalts und der Verbindungsweise dieses Inhalts gesteigert hätten: die logische Structur, die er als Begriff hätte, würde dennoch keiner realen Structur seines Gegenstandes entsprechen. In diesem Erkenntnißwerthe aber, den wir zugestehen, liegt die andere Seite der Sache, das was wir meinen, wenn wir nun dennoch alle behaupten, daß durch den Allgemeinbegriff und die Classification jedenfalls doch etwas die Sache selbst Betreffendes gesagt sei. Man wird vielleicht versuchen es so auszudrücken, daß actu zwar nicht, aber doch potentia, die ganze Reihe der einander übergeordneten Allgemeinbegriffe in dem Wesen der Sache selbst enthalten sei; und diese Bemerkung wird man zugleich auf anders geformte Constructionen oder Auffassungen eines Gegebenen ausdehnen: nicht wirklich, aber der Möglichkeit nach sei jeder Theilstrich enthalten in der stetigen Größe, die wir durch ihn zerfällen, der Möglichkeit nach in jeder einfachen geradlinigen Bewegung das Paar der Componenten, in die wir sie nach unserer Wahl zergliedern; die 7 sei nicht 4 + 3, aber gewiß lasse sie diese Substitution zum Zwecke einer Rechnung zu. Diesen Ausdrücken geben wir eine bestimmtere Bedeutung: alle unsere Begriffsbildungen Classificationen und Constructionen sind subjective Bewegungen unseres Denkens und nicht Vorgänge in den Sachen; so aber ist zugleich die Natur der Sachen, der gegebenen vorstellbaren Inhalte geartet, daß das Denken, wenn es sich den logischen Gesetzen dieser seiner Bewegungen überläßt, am Ende seines richtig durchlaufenen Weges wieder mit dem Verhalten der Sachen zusammentrifft; der Wege aber, die es zwischen den einzelnen Elementen seines Inhalts mit gleicher Hoffnung durchlaufen kann, sind viele und nicht nur einer; nach unzähligen Richtungen hin hängt die Gesammtheit des Vorstellbaren als ein vielfach gegliedertes System von Reihen zusammen, und das Denken, wenn es mit willkürlicher Wahl seines Weges, aber mit Beachtung seiner eigenen Gesetze, sich von einem Gliede desselben zum andern bewegt, gleicht etwa einer Melodie, deren unberechenbarer Lauf überall auf Stufen der Tonreihe von festbestimmten harmonischen Verhältnissen trifft.

343. Nicht nur was an den Urtheilen logische Form ist, sondern auch das Erkenntnißresultat, das in dieser Form ausgesprochen wird, hat eine unmittelbare reale Bedeutung nicht. Wir sagen kategorisch: dieser Baum blüht; die atmosphärische Luft ist ein permanentes Gas;

jedes Dreieck hat zwei rechte Winkel; im ersten Fall war es nur das Verdienst des hier ausgesprochenen Inhalts, daß wir dem Baum in Wirklichkeit eine von dem augenblicklichen Zustande seines Blühens unabhängige Existenz zuschreiben konnten, daß also Subject und Prädicat so auseinandertraten, wie wir sie in der Form des Urtheils scheiden und verknüpfen; in den beiden andern Fällen enthält die Sache diese Spaltung nicht; sie ist eine völlig subjective Bewegung des Denkens, die willkürlich aus dem einheitlichen Inhalt des Vorgestellten einen seiner Bestandtheile zu gesonderter Betrachtung hervorhebt. Auch die Verschiedenheit der Copula in diesen drei Urtheilen gehört nur der Einbildungskraft an, die sich der Eigenthümlichkeit des jedesmaligen I n h a l t s anschmiegt und in der Sprache ihren Ausdruck findet; die Logik selbst, indem sie für ihre technische Uebersicht allen Urtheilen die Form: S ist P gibt, bezeugt, daß in dieser gleichmäßigen Copula i s t alle sachlichen Verschiedenheiten des Zusammenhanges zwischen S und P ausgelöscht sind; mögen diese sich verhalten wie Ganzes und Theil, wie ein Ding zu seinen Zuständen oder wie Ursache zur Wirkung: in der Form des Urtheils erscheinen sie nur wie Subject und Prädicat, zwei Bezeichnungen, die nur die relativen Stellungen bedeuten, welche die Vorstellungen beider in unserer subjectiven Denkbewegung einnehmen, aber nichts über das sachliche Verhältniß aussagen, welches, w e n n es gedacht wird, sie in unsern Gedanken diese Stellungen einzunehmen nöthigt. Auch in h y p o t h e t i s c h e n Urtheilen berufen wir uns nur auf ein solches sachliches Verhalten, bringen es aber durch die Form des Urtheils weder zum Ausdruck noch zum Verständniß. Die Verknüpfung von Vordersatz und Nachsatz: wenn B gilt, so gilt F, behauptet durch sich selbst nichts weiter, als die allgemeine Zusammengehörigkeit von B und F zu e i n e m einheitlichen Gedanken M; daß wir dies Zusammengehörige nun dennoch trennen und den einen Theil des Gedankens dem andern voranschicken, wodurch wegen des untrennbaren Zusammenhangs beider jener zum Grunde, dieser zur Folge wird, ist eine jener subjectiven Denkbewegungen, die in dem vorgestellten Inhalte n i c h t vorgehen, und diese subjective Natur zeigt sich durch die Möglichkeit, die Richtung der Bewegung umzukehren. Wir sagen: jedes gleichseitige Dreieck ist gleichwinklig, oder: wenn ein Dreieck gleichseitig ist, so ist es gleichwinklig; wir konnten ebenso gut sagen: wenn es gleichwinklig ist, so ist es gleichseitig; der ungetheilte Gedanke oder die Anschauung des gleichseitig-gleichwinkligen Dreiecks bildet hier den sachlichen Inhalt, zwischen dessen gleichzeitig gültigen Bestandtheilen sich unser Denken mit willkürlichem Ausgangspunkt trennend und verknüpfend hin und her bewegt. Dies gilt von allen Urtheilen, die, wie die mathematischen, sich nur mit Vorstellbarem, nicht mit Wirklichem beschäftigen; sie würden alle reciprocabel sein, wenn ihr sachlicher Ausdruck durch Sätze eine ebenso genaue Determination aller in ihnen vorkommenden Begriffe gestattete, wie sie in der Form der Gleichung ausführbar ist. Beziehen sich dagegen unsere hypothetischen Urtheile auf Data der Wirklichkeit, so ist es zwar unsere Meinung, daß hier Vordersatz und Nachsatz unvertauschbar sein sollen, aber die hypothetische Urtheilsform drückt durch sich selbst das nicht aus, wodurch diese unsere Forderung erfüllt werden könnte. Denn *wenn* einmal die Bedingung B gilt, so gibt es logisch keinen Zwischenraum mehr, der ihre Gültigkeit von der der Folge F trennte; beide bilden, eben in Gemäßheit dessen, was diese hypothetische Urtheilsform als ihr eignes Erkenntnißresultat behauptet, nur einen untheilbaren Vorgang M; und da ferner, wenn wir unsern Gedanken genau, ohne Ueberschuß und Mangel, gedacht annehmen, mit diesem B kein F^1 sondern nur F, mit diesem F kein B^1 sondern nur B verbunden sein kann, so gehen wir *im Denken* mit gleichem Recht und gleicher Nothwendigkeit von dem willkürlich gewählten Ausgangspunkt B zu F wie von F zu B über; der Grund ist uns Erkenntnißgrund der Folge, die Folge Erkenntnißgrund des Grundes. Daß in dem wirklichen realen Verhalten hier etwas liege, was ausschließlich B zum Antecedens, ausschließlich F zum Consequens macht, das wissen wir wohl, weil wir den Inhalt kennen, von dem wir reden, aber in der Form unseres logischen Thuns bringen wir es nicht zum Ausdruck. Denn diese Form beruht ganz nur auf dem abstracten Gedanken einer *Bedingtheit* des F durch B überhaupt; diese aber, eine bloße Beziehung, ist, wie wir früher zeigten, *weniger*, als was zwischen B und F als Dingen oder Vorgängen wirklich stattfinden kann; *bestehen* kann ein Verhältniß, durch welches einseitig B zum Realgrund wird, nur dann, wenn B die Ursache, F die Wirkung ist; anstatt dieses realen und speciellen Verhältnisses der Causalität erscheint im hypothetischen Urtheil nur das allgemeinere und abstracte der Bedingtheit überhaupt, das so keine reale Bedeutung hat. Disjunctive Urtheile endlich wollen gar keine Wirklichkeit aussagen: das unentschiedene Schwanken zwischen einander ausschließenden Prädicaten kann kein Vorgang in dem Realen sein, sondern bleibt ein Zustand des Denkens, dem zur Erkenntniß des Wirklichen die zulänglichen Data fehlen.

344. Eine kurze Erinnerung an die verschiedenen Formen der Schlüsse führt zu ähnlichen Ergebnissen. Am leichtesten wird man eine reale Bedeutung jenen subsumptiven Figuren zuschreiben, die durch Unterordnung des Besondern unter das Allgemeine ihren Schlußsatz erzeugen; denn diese Unterordnung allerdings sieht man in dem nun schon hinlänglich erklärten Sinn als eine sachlich gültige in Bezug auf alles Vorstellbare an. Aber die logische Form des Schlußverfahrens entspricht doch auch hier keinem Verhalten der Sache. In mathematischen Schlüssen hat der allgemeine Obersatz, von dem aus wir den specielleren Schlußsatz ableiten, keine Priorität der Geltung vor diesem oder dem Untersatz, alle drei sind Theile einer ewigen Wahrheit von simultaner Geltung; die Priorität größerer Einfachheit oder unmittelbarer Evidenz kann der Obersatz voraus haben, aber beide Prädicate würden ihn schon nur in seiner Beziehung zu unserem Denken charakterisiren, ohne daß er darum schon einen Vorzug an sich vor andern gleich gewissen Sätzen hätte; endlich ist die Form des subsumptiven Schlusses gar nicht genöthigt, von einem so einfachen Obersatz auszugehen; eben die simultane Verkettung aller mathematischen Wahrheiten erlaubt, auch die einfacheren unter ihnen als Grenzfälle aus der Verkettung von weniger einfachen, und immer in subsumptiver Figur, abzuleiten. Diese völlig subjective Bedeutung der syllogistischen Form vergessen wir zuweilen in ihrer Anwendung auf Wirkliches. So lange der allgemeine Obersatz doch noch eine sehr inhaltreiche und specielle Wahrheit ausdrückt, dann etwa wenn wir sagen: alle Thiere respiriren, so lange zweifeln wir nicht, daß dieser Obersatz keine Wirklichkeit bezeichne, die der Geltung des Schlußsatzes: auch die Fische respiriren, irgendwo anders als in unserem Denken vorangehen könnte; kommen wir jedoch auf die allgemeinsten Zusammenhänge der Dinge, so bildet sich wieder die Neigung, ihren Ausdrücken, den allgemeinsten Naturgesetzen, die in unserer Ueberlegung des Welt-

laufs als Obersätze auftreten, eine in der That ganz unbegreifliche reale Priorität vor den Vorgängen zuzuschreiben, in denen sie gelten sollen. Diese Neigung ist nicht ungefährlich für den richtigen metaphysischen Zusammenhang unserer Weltauffassung; sie führt zu dem umfassenden Aberglauben, als ließe sich das Wirkliche der Welt aus Unwirklichem und dennoch Wesenhaftem und Gebietendem ableiten, während wir uns umgekehrt mit der Ueberzeugung durchdringen müssen, daß alle nothwendigen Wahrheiten, denen wir das Seiende als etwas secundär Hinzukommendes unterordnen zu können glauben, eben nur Natur und Consequenz des Seienden selbst sind und nur durch die Reflexion unseres Denkens von ihm abgelöst und ihm selbst als ein gebietendes Prius antedatirt werden. Schlüsse durch Induction erregen dies Mißverständniß nicht; Niemand verkennt, daß die Verknüpfung der Einzeldaten zu einem generellen nicht blos universellen Satze nicht der Realgrund der Geltung des letztern, sondern nur für uns ein Erkenntnißgrund dieser Geltung ist. Viel deutlicher noch überführen uns die vielfachen Formen der Beweise von der blos subjectiven Bedeutung der Schlüsse, aus denen wir sie zusammensetzen. Wie viele verschiedene, directe und indirecte, progressive und regressive Beweise, alle gleich triftig, sind für einen und denselben Satz möglich! wie viel verschiedene selbst in direct progressiver Form allein! Und wenn nun wirklich einer von diesen vielen das Vorrecht hätte, allein das Wesen der Sache in seiner eigenen Structur darzustellen, so würde die bloße Möglichkeit der anderen doch immer zeigen, daß es die logische Form allein nicht ist, welche diese reale Geltung erzeugt oder ausdrückt, sondern daß jener Vorzug auf der Auswahl des Inhalts beruht, den man in ihr verbunden hat. Was endlich die letzten Denkhandlungen betrifft, mit denen wir die reine Logik abschlossen, so haben wir schon damals gesehen, daß sie sich zwar anstrengen, Formen zu finden, in welchen das eigne Wesen der Sache im Gegensatz zu den zufälligen Ansichten zum Vorschein käme, die wir subjectiv von ihm fassen können; aber ebenfalls schon dort haben wir uns überzeugt, daß diese Formen weitfaltiger ausfallen als das, was sie fassen wollen; wenn das eigne Wesen der Sache in unser Denken eingeht, so kann es nur in diesen Formen begriffen werden, aber die Formen erzeugen es nicht und drücken es nicht voll aus; sie lassen immer Anwendungen zu, die nach unserer eigenen Ueberzeugung subjective Ansichten sind, und zwischen denen die Auswahl der real berechtigteren nicht durch logische Mittel, sondern nur durch Sachkenntniß, wenn es eine solche gibt, vollzogen werden kann.

345. Es ist jetzt Zeit, den Sinn einiger Ausdrücke genauer zu bestimmen, in deren Gebrauch ich bisher lässiger gewesen bin. Von subjectiver und objectiver, von formaler und sachlicher, von formaler und realer Bedeutung der Denkformen ist die Rede gewesen; diese drei Gegensätze decken einander nicht. Unterscheiden wir, wie früher geschehen ist, unsere logische Denkhandlung von dem Gedanken, den sie als ihr Product erzeugt, so gebührt der ersten nur eine subjective Bedeutung: sie ist lediglich die durch unsere Natur und durch unsere Stellung in der Welt uns nothwendig gewordene innere Bewegung, durch die wir jenen Gedanken, z. B. den vorhandenen Unterschied zwischen a und b oder das in beiden enthaltene Allgemeine C, zum Gegenstand unseres Bewußtseins machen; so hat jeder, um die Aussicht von einem Berge zu genießen, von seinem Standpunkt aus einen bestimmten geraden oder gewundenen Weg bis auf den Gipfel zurückzulegen, der die Aussicht eröffnet; dieser Weg gehört nicht zu dem was er sehen will. Der erzeugte Gedanke selbst dagegen, die gefundene Aussicht, hat objective Geltung; von allen, nach Zurücklegung jener Wege, auf gleiche Art empfunden, bildet das jetzt Gesehene ein von der Subjectivität des einzelnen Denkenden unabhängiges Object; nicht nur einen Zustand mehr, den er leidet, sondern einen Inhalt, den er vorstellt, und der als derselbe und sich selbst gleiche auch dem Bewußtsein Anderer gegenübersteht. Dasselbe Verhalten beleuchtet von anderer Seite her der zweite Gegensatz. Es würde nicht hinreichen, unsere Denkhandlungen nur subjectiv zu nennen; diese Bezeichnung würde sie von dem Verhalten der Sachen lediglich trennen und die Beziehung unklar lassen, die doch stattfinden muß, wenn der erzeugte logische Gedanke eine objective Gültigkeit besitzen soll, die der ihn erzeugenden Denkhandlung selbst nicht zukommt. Formal nennen wir daher die logischen Thätigkeiten, weil ihre Eigenthümlichkeiten zwar nicht die eigenen Bestimmungen der Sachen sind, aber doch Formen des Verfahrens, eben die Natur der Sachen zu erfassen, und deshalb nicht außer jedem

Zusammenhang mit dem sachlichen Verhalten selbst. Die früher besprochenen Beispiele werden hierüber keinen Zweifel lassen. Die Beschränkung auf nur formale Geltung zeigte sich darin, daß es der Denkhandlungen mehrere und gleichtriftige geben kann, die zu demselben Endgedanken oder demselben sachlichen Ergebniß führen; keine von ihnen kann daher ausschließliche Bedeutung für den bestimmten sachlichen Inhalt haben, mit dem sie sich alle beschäftigen; alle sind vielmehr nur Formen des Verfahrens, ein Ergebniß zu erhalten, das einmal gefunden ohne Rücksicht auf den Weg gilt, auf dem man zu ihm gekommen ist. Aber es würde ja unmöglich sein, auf jenen verschiedenen Wegen zu dem aussichteröffnenden Gipfel zu kommen, wenn nicht alle diese Wege mit bestimmten gegenseitigen Lagenverhältnissen in dem Ganzen der geographischen Situation mitenthalten wären, deren anderen Bestandtheil die von jenem Gipfel übersehbare Landschaft bildet. Hierin besteht das Positive, das der zweite Gegensatz von den Denkhandlungen aussagt: jede derselben ist eine der verschiedenen durch den allgemeinen vielseitig gegliederten Zusammenhang der Sachenwelt möglich gemachten Weisen, durch Bewegung von einem Element dieser Welt zum andern ein bestimmtes sachliches Verhalten zu erreichen, ohne daß deshalb die gewählte Bewegung die eigene Entstehung oder das eigne Bestehen dieses bestimmten Verhältnisses wäre oder nachahmte. Der dritte Gegensatz enthält nicht nur andere Bezeichnungen für die Glieder des zweiten, sondern betrifft eine Frage eigner Art. Als sachlich gegeben betrachten wir jeden Denkinhalt von fester in dem oben erörterten Sinne objectiver Bedeutung, die Vorstellungen von Nichtseiendem nicht minder als die von Seiendem; unter Realem würden wir nur die Dinge sofern sie sind und die Ereignisse sofern sie geschehen, in ihrer dem Denken jenseitigen Wirklichkeit verstehen müssen. Nun kann davon nicht die Rede sein, daß dieses Reale sich selbst in den Formen des Begriffs des Urtheils und des Schlusses bewegte, welche die subjectiven auf seine Erkenntniß gerichteten Anstrengungen unseres Denkens annehmen; aber selbst die logischen Gedanken, welche das Produkt dieser Denkhandlungen sind, haben in Bezug auf dieses Reale jene unmittelbare Geltung sachlich nicht, die ihnen jedem Denkinhalt als solchem gegenüber zukam. Ich thue besser, der Metaphysik die weitere Erörterung dieses wichtigen Punktes zu überlassen; zu seiner vorläufigen Verdeutlichung reicht die Wiederholung bereits besprochener Beispiele hin. Wir sahen, daß der Begriff einer Bedingung nicht ausreicht, um das zu bezeichnen, was wir unter einem zwischen zwei realen Elementen wirklich bestehenden Verhältniß meinen; um so zu bestehen, mußte es mehr als Verhältniß, mußte volle Wechselwirkung sein; in dieser realen Verknüpfung der realen Elemente lag dann der Grund, der ihre Erscheinungen für uns in die formale Beziehung brachte, die wir nun blos logisch eine Bedingtheit der einen durch die andere nennen. Gleiches gilt von allen logischen Formen. Kein reales S kann nur Subject für ein reales P sein, das nur sein Prädicat wäre; in Wirklichkeit kann P an S nur haften entweder als erlittener Zustand, oder als ausgeübte Wirkung, oder als bleibende Eigenschaft in dem allerdings hier noch dunklen Sinne, in welchem wir metaphysisch diesen Begriff dem blos logischen des Merkmals entgegensetzen. Erst wenn eines dieser Verhältnisse zwischen S und P bejaht ist, begreifen wir, was es realiter bedeutet, wenn wir logisch S als Subject P als Prädicat fassen; erst dann entspricht ein wirklicher Sachverhalt der logischen Copula, die an sich ganz unbestimmt läßt, was wir denn eigentlich den realen Inhalten dann begegnet zu sein behaupten, wenn wir die Vorstellungen beider in dieser Weise glauben verbinden zu müssen. So oft man daher Ausdrücke wie Einheit Vielheit Gleichheit Gegensatz Beziehung und Bedingung anwendet, hat man durch sie allein noch gar nichts über das Seiende gesagt; nun bleibt erst noch zu zeigen, durch welche Leistung sich die Einheit des Einen als eine Wirklichkeit, nicht nur als logischer Titel ohne Einkünfte beweist; wodurch das viele Gleiche, da es doch im Denken eben gleich ist, dennoch im Sein wirklich als Vieles auseinandertritt; in welchem wechselseitigen Leiden von einander sich der Gegensatz, in welchem andern die Beziehung zwischen verschiedenen Seienden real bethätigt.

Fünftes Kapitel.

Die apriorischen Wahrheiten.

346. Fassen wir noch einmal unsere letzten Ueberlegungen zusammen. Weder in dem Inhalt unseres Vorstellens noch in dem Realen, das wir als jenseitigen Grund desselben betrachten, entsprach etwas den logischen Denkhandlungen, die mit willkürlicher Wahl ihres Weges die einzelnen Bestandtheile des vorgestellten Inhalts verknüpften oder sonderten; aber in Bezug auf diesen Inhalt wenigstens, abgesehen von dem Realen, das seine jenseitige Ursache sein mag, kam den Gedanken, die wir durch jene Denkhandlungen zu erzeugen suchten, eine sachliche Bedeutung zu. Die Unterschiede Aehnlichkeiten Gegensätze und Unterordnungen, deren wir uns in unserem Bewußtsein nur durch ein Hin- und Hergehen unserer Thätigkeit bemächtigen konnten, galten wirklich von dem vorgestellten Inhalt, obgleich er selbst nicht an diesen Bewegungen theilnahm; sie bestanden sachlich an sich selbst in dem Sinne, in welchem wir das Bestehen jeglicher Beziehung zwischen zwei Beziehungspunkten möglich fanden: sie hatten zwar nie anders eine Wirklichkeit des Seins als in den Augenblicken, in welchen sie gedacht wurden, aber so war zugleich die Natur aller Geister geartet, daß immer, sobald dieselben beiden Beziehungspunkte a und b gedacht wurden, auch sich selbst gleich dasselbe Urtheil C über ihr gegenseitiges Verhältniß gefällt wird. Es ist das platonische Ideenreich, zu dem wir uns hier zurückgeführt sehen; in festen und unveränderlichen Beziehungen stehen alle vorstellbaren Inhalte, und mit welchen willkürlichen oder zufälligen Bewegungen auch immer unsere Aufmerksamkeit von dem einen zum andern übergehen, oder in welcher Ordnung auch uns unbekannte Veranlassungen einen nach

dem andern in unsere Wahrnehmung bringen mögen: wir werden zwischen ihnen immer dieselben Verhältnisse finden, die in dieser sachlichen unendlich vielseitigen Gliederung der Ideenwelt ein für alle mal gegeben sind. So oft diese Behauptung wiederholt wird, wird sie als überflüssiger Ausdruck des Selbstverständlichsten erscheinen, und ebenso oft wiederhole ich, daß eben die Thatsache des Vorhandenseins dieser Selbstverständlichkeit das Wunderbarste in der Welt ist. Obgleich unentbehrliche Grundlage alles Denkens, und eben deswegen mit Uebermuth von uns als selbstverständlich übergangen, ist sie nicht einmal, wie ich früher schon bemerkte, in demselben Sinne denknothwendig, in welchem es innerhalb ihrer selbst jedes einzelne von ihr eingeschlossene Verhältniß ist. Ausdenken freilich können wir uns nicht, wie es dann sein würde, wenn diese Thatsache nicht bestände, aber vorstellen können wir uns doch eine Welt, in der sie nicht vorkäme; in welcher unzählige Inhalte zwar dem vorstellenden Geiste sich darböten, aber jeder beziehungslos zum andern, alle so disparat gegen einander, daß nie sich zwei unter irgend ein Allgemeines als verwandte Arten vereinigten, und daß niemals ein Unterschied zwischen zweien für größer geringer oder anders geartet geschätzt werden könnte, als der zwischen zwei anderen. Daß jeder einzelne dieser Inhalte sich selbst gleich sein müsse, würde das Einzige sein, was das Denken, seinem Identitätsgesetz gemäß, verlangen müßte, damit jeder von ihnen überhaupt vorstellbar werde, und diese Forderung könnte ja jene Welt erfüllen; darüber hinaus aber kann das Denken zwar für die Möglichkeit seiner ferneren Handlungen wünschen, aber nicht als denknothwendig gebieten, daß zwischen den verschiedenen Inhalten jene abgestuften Verwandtschaften stattfinden, die allein ihm die Ausführung seiner Bestrebungen ermöglichen: es ist nicht denknothwendig, daß das Denken müsse stattfinden können. Und dann, wenn es auch aus eigner Macht jene Verwandtschaften forderte, hervorbringen könnte es sie doch nicht und müßte immer darauf hoffen, daß sie in irgend einer von ihm selbst unerfindbaren Weise gegliedert, als Tonreihe als Farbenreihe als Gradunterschiede des qualitativ Gleichen oder sonstwie, thatsächlich ihm gegeben würden. Aber so wunderbar und wichtig diese nun wirklich gegebene Thatsache ist, so bildet doch sie selbst und das, was aus ihr folgt, nicht das letzte Ziel unserer Ueberlegungen. Verbürgt wird uns durch sie nur die Sicherheit, mit welcher sich das Denken innerhalb der Ideenwelt als solcher bewegt, die systematischen ewig gleichen Zusammenhänge ihrer Elemente erforscht und durch Verknüpfung derselben neue Gebilde erzeugt, die unfehlbar an einer andern vorherbestimmbaren Stelle dieser Ideenwelt vorgefunden werden, alle untereinander nach mannigfachen Richtungen und in festen Entfernungen so verbunden, daß die verschiedenartigsten Wege und Umwege des Denkens zur sicheren Auffindung eines jeden dienen können. Dies allein ist es aber doch nicht, was man zu wissen verlangt. Gesucht wird vielmehr die Bedeutung, die diese systematische Gliederung alles Vorstellungsinhalts für die empirische nicht systematische Ordnung hat, in welcher ein vom Denken unabhängiger Grund die Inhalte möglicher Vorstellungen in unsere Wahrnehmung treten läßt; wir wollen nicht nur die ewige Classification, sondern auch den veränderlichen Verlauf der Sachen verstehen lernen.

347. Beide sind von einander völlig verschieden. Die Wahrnehmungen führen uns nicht eben das verbunden vor, was in dem System des Vorstellbaren verwandtschaftlich coordinirt nebeneinander steht, noch ist ihr ganzer Verlauf ein periodisch sich wiederholender Vorüberzug der Gattungen Arten und Unterarten in jener Ordnung, in welcher die Classification sie absteigend auf einander folgen läßt; in verschiedenen Punkten des Raums gleichzeitig, in verschiedenen Zeitpunkten nach einander, finden wir die heterogensten Elemente jenes Reiches der Inhalte als Erscheinungen verbunden: gibt es in diesem Wechsel Gesetze, so sind sie völlig anderer Art als jene logischen, in deren Betrachtung wir uns bisher bewegten. Bezeichnen wir von jetzt an diesen empirischen Verlauf der uns gegebenen Erscheinungen als reale Wirklichkeit, so fragt es sich nach der Bedeutung, die ihr gegenüber unser Denken haben kann, dessen Behauptungen, selbst wenn sie gültig bleiben, doch unfähig erscheinen, den Zusammenhang derselben zu beherrschen. Denn wenn es nun auch wahr ist, daß a und b, in wirklicher Wahrnehmung gegeben, denselben Unterschied und dieselbe Verwandtschaft zeigen werden, die ihnen in unserem Denken zukommt, so liegt darin doch kein Entscheidungsgrund für ihr Zusammensein in der Wahrnehmung oder dessen Unmöglichkeit; wenn auch ausnahmslos der Satz der Identität gilt, so behauptet er doch nach seiner eignen Aussage nur, daß

jedes a = a und jedes b = b sei und sein werde, *wenn* und *wo* auch immer beide vorkommen mögen; aber dieser letztere Zusatz gehört schon nicht mehr dem Identitätsgesetz selbst an; *wir* fügen ihn hinzu, weil wir anderweitig wissen, daß denkbaren Inhalten außer ihrer ewigen Geltung im Reiche der Ideen ein Wechsel zeitlicher Wirklichkeit und Unwirklichkeit in der Erscheinung zukommen könne; davon enthält jenes Gesetz keine Andeutung und folglich auch nicht die geringste Bestimmung über die Gleichzeitigkeit oder Reihenfolge, in welcher beide Erscheinungen hier einander herbeiführen oder ausschließen müssen. Die classificatorische Unterordnung der Begriffe wird gelten von Wahrgenommenem ebenso wie von zeitlos Vorgestelltem; wenn wir indessen ein wahrgenommenes S unter den Allgemeinbegriff M bringen, so gelten zwar von S jetzt auch alle die höheren Allgemeinbegriffe N L K, die in dem Inhalt von M eingeschlossen sind; aber diese Folgerung erzeugt keine neue sachliche Kenntniß; sie zergliedert nur logisch, was durch die Unterordnung des S unter M bereits gegeben war; richtig, wenn diese richtig, und falsch, wenn diese falsch ist, berechtigt sie nicht, das in der Wahrnehmung gegebene S mit einem in dieser nicht gegebenen P zu verbinden. Hypothetische Urtheile scheinen einer Erweiterung der Erkenntniß günstiger. Wenn sie zu einem Subject S eine Bedingung x treten und aus beiden ein P als Prädicat entspringen lassen, das weder in S allein noch in x allein bereits enthalten war, so nähern sie sich formell dem, was wir als Verlauf der Wirklichkeit denken. Im problematischen Vordersatz drücken sie die Verbindung von S und x als eine mögliche aus, unterscheiden also ihren Denkinhalt noch von einer Verwirklichung, die er im Laufe der Dinge erfahren kann, und über die sie sich jeder Behauptung enthalten; dann aber, wenn diese Bedingung gegeben ist, scheinen sie der weiteren Wahrnehmung vorgreifend das Neue zu bestimmen, das in dieser folgen muß. Worauf aber beruht unsere Berechtigung, einem bestimmten S + x ein bestimmtes P hinzuzufügen oder gleichzusetzen? Im Denken doch immer nur darauf, daß wir durch eine logische Determination x den Begriffsinhalt S, der P nicht enthielt, so umformen, daß nun P in ihm enthalten ist; von diesem Subject, nicht von dem früheren, behaupten wir nun das Prädicat P, das wir in ihn bereits aufgenommen haben. Was uns dagegen die Wahrnehmung unmittelbar darbietet, ist etwas Anderes.

Wenn in ihr zu einer früheren Erscheinung S eine neue x in Beziehung tritt, so pflegt aus dem Zusammendenken beider jenes Subject S + x eben noch nicht zu entstehen, aus dem die Folgeerscheinung P als identischer Ausdruck desselben selbstverständlich flösse; das vielmehr ist die zunächst ungelöste Frage, wie dies x jenes S so umgestalten könne, daß aus ihm der früher fehlende Grund für die Verwirklichung von P entstehe. So weit wir daher hypothetische Urtheile auf die Betrachtung der Wirklichkeit anwenden, finden wir sie zuletzt immer auf der schon vorausgesetzten Gültigkeit von Sätzen beruhen, die eine aus Begriffen nicht ableitende Verkettung einer bestimmten Bedingung mit einer bestimmten Folge als allgemein bestehende Thatsache aussprechen. Gilt sie wirklich allgemein, so kann das Denken dann ihre Einzelfälle analytisch entwickeln; ihr eigner Inhalt aber erscheint zunächst als ein synthetisches Urtheil, welches zwei Begriffe als Subject und Prädicat verbindet, deren Denkinhalte durch keine logische Zergliederung als identisch nachgewiesen werden können.

348. Unsere Hoffnung, durch Denken den Verlauf der Wirklichkeit beherrschen zu können, beruht daher auf drei Punkten. Keinem einzelnen Bestandtheile b der Ideenwelt kann zuerst das Denken außer der ewigen Bedeutung, die ihm in dieser gebührt, die Nothwendigkeit einer zeitlichen Verwirklichung im Laufe der Sachen zuerkennen; nur wenn diese Wirklichkeit thatsächlich einem andern Element a zukommt, mit welchem b in nothwendiger Verbindung steht, kann sie nun auch auf b übergehen. Alle unsere Erkenntniß ist daher in dieser Hinsicht hypothetisch; an einem bestimmten Punkt thatsächlich gegebener Wirklichkeit setzt sie ein, um aus diesem wirklichen Grunde die Folgen als wirkliche abzuleiten, die dem gedachten Grunde als denknothwendige zugehörten; niemals aber ist es möglich, aus bloßen Begriffen des Denkens die reale Wirklichkeit des in ihnen Gedachten zu beweisen. In der That ist denn auch dieser Versuch nur in dem einen Falle eines ontologischen Argumentes für das Dasein Gottes gewagt worden. Hier lag eine begreifliche Verlockung vor: Gott als nothwendige Folge b einer andern durch Wahrnehmung gegebenen Wirklichkeit a zu fassen widerstritt dem, was man in seinem Begriff denken mußte, denn eben er sollte ja der Grund aller Folgen sein; so schien nichts übrig, als in seinem Begriffe selbst seine Wirklichkeit zu suchen.

Finden freilich konnte man nur den Anspruch auf solche, den der Inhalt desselben erhebt; gewiß schließt der Begriff Gottes den des Seins in sich ein, ja mehr als diesen, den Begriff des lebendigen Seins; denn alle übrigen Prädicate, durch die wir Gott als Gott denken, lassen sich nur vereinigen und selbst denken, wenn sie an einem wirklichen die Zeit füllenden und des Wechsels seiner Zustände fähigen Wesen vorgestellt werden. Aber in diesem Sinne ist in jedem Begriffe eines Wesens der Gedanke derjenigen Art der Wirklichkeit eingeschlossen, welche die Natur und Verknüpfungsweise seines Inhalts verlangt; auch der Begriff jedes Organismus ist undenkbar ohne diese Voraussetzung: Ernährung Wachsthum und Fortpflanzung sind sinnlos an einem Subject, das nicht wäre, und ebenso sinnlos an jedem, das nur wäre und nicht sich entwickeln könnte. Wenn daher der Inhalt eines dieser Begriffe Wirklichkeit hat, so hat er diejenige Art derselben, die ihm entspricht: Wesen die des Seins, nicht die des Geschehens, Ereignisse die des Geschehens, nicht die des Seins; Verhältnisse keine von beiden, sondern die des Geltens von Wirklichem; es war Täuschung, daß es sich mit dem Begriffe Gottes anders verhalte und daß es erlaubt sei, den in ihm unentbehrlich eingeschlossenen Gedanken der höchsten Wirklichkeit für eine Wirklichkeit des ganzen ihn einschließenden Inhalts anzusehen. Nur scheinbar begehen denselben Fehler verwandte Ueberlegungen, die von dem unabweislichen Werthe eines Gedachten zu der Ueberzeugung seiner Wirklichkeit übergehen. Nicht ganz gerecht wird behauptet, an ein höchstes Gut, ein überirdisches Leben, eine ewige Seligkeit glaube man nur, weil man sie wünsche; in der That beruht dieser Glaube auf einer sehr breiten, obgleich unzergliederten Grundlage der Wahrnehmung; wir gehen von der Thatsache dieser gegebenen Welt aus, in welcher wir unerträgliche Widersprüche befürchten, wenn wir jene der Wahrnehmung entzogenen Fortsetzungen des Weltbaues nicht als wirkliche Ergänzungen des Wahrnehmbaren anerkennen wollten. Formell verfahren daher diese Folgerungen richtig; sie verknüpfen mit der gegebenen Wirklichkeit eines a die nicht gegebene eines b, das ihnen die denknothwendige Folge des a scheint.

349. Der zweite Punkt wird stillschweigend allgemein vorausgesetzt, ausdrücklich als logische Voraussetzung selten erwähnt. Wir könnten offenbar auf eine Bearbeitung der Wirklichkeit durch unser Denken nicht hoffen, wenn wir

nicht in dem empirischen Verlauf der Dinge eine allgemeine Gesetzlichkeit als vorhanden annehmen dürften, die uns erst die Möglichkeit verschafft, von den formalen Gesetzen unseres Denkens Nutzen zu ziehen. Wir haben gesehen, daß die Gründe, welche die Reihenfolge der Wahrnehmungen möglicher Denkinhalte bestimmen, gänzlich unabhängig von den systematischen Relationen sind, die wir im Denken zwischen jenen blos gedachten Inhalten finden. Woher nehmen wir nun die Gewißheit, daß überhaupt noch Gründe von allgemeiner Geltung für diese Reihenfolge bestehen? daß nicht vielmehr die unbekannte Ursache des empirischen Verlaufs der Wahrnehmungen ganz principlos mit den systematisch geordneten Elementen der Ideenwelt spielt und wie ein sich bewegendes Kaleidoskop bald diese bald jene Verknüpfung erscheinen läßt, ohne jemals einer Regel dieser Combinationen zu folgen? Man hat gar keine Ursache, die bunte Unordnung dieser letzteren Annahme überhaupt unvorstellbar zu finden; eine sehr große Mannigfaltigkeit empirischer Vorgänge, die wir noch nicht begreifen, steht uns genau in dieser Gestalt wirklich noch gegenüber; wäre gesetzlicher Zusammenhang überhaupt in der ganzen Wirklichkeit nicht vorhanden, so würde nur überall uns dasselbe Schauspiel sich zeigen, welches wir jetzt da wahrnehmen, wo er uns verborgen ist. Die Gesetze unseres Denkens würden fortfahren zu gelten, aber als ein leerer Anspruch, dem sich die Wirklichkeit nicht fügt, gerade so wie wir noch jetzt sie vergeblich auf manche Ereignisse anzuwenden suchen, die mit ungleichen Folgen unter gleichen Bedingungen des Satzes der Identität zu spotten scheinen. Gleichwohl wird diese Annahme der Gesetzlosigkeit der Wirklichkeit von Niemandem festgehalten; überall wo die Erscheinungen sie uns aufdrängen möchten, halten wir den wahrnehmbaren Thatbestand nur für räthselhaft und zweifeln nicht, daß erweiterte Erfahrung durch früher unbeachtet gebliebene Mittelglieder den gesetzlichen Zusammenhang des Beobachteten herstellen werde. Worauf beruht nun diese Zuversicht? Weder selbst denknothwendig ist die allgemeine Gesetzlichkeit der Wirklichkeit noch als eine denknothwendige Folge aus gegebenen Thatsachen abzuleiten. Man konnte sagen, daß die Gesetze des Raumes, auch wenn dieser nur als angeborene Anschauung in uns Dasein hat, dennoch von allen Gegenständen unserer Erfahrung gelten müssen; denn nichts wird je in unsere Erfahrung eintreten, ohne die räumliche Formung schon erfahren zu haben, durch die es unser Gegenstand wird; man kann nicht ebenso den Beweis versuchen, daß ohne gesetzlichen Zusammenhang im Wirklichen die Erfahrung unmöglich sei, die wir doch besitzen. Was wir wirklich besitzen, ist nur ein Verlauf von Vorstellungen; daß dieser Verlauf einen lückenlosen Zusammenhang nach allgemeinen Gesetzen bilde, daß also Erfahrung in diesem gesteigerten Sinne, in welchem sie sich von bloßer Wahrnehmung unterschiede, wirklich gegeben sei, ist eine Verwechselung dessen, was wir voraussetzen, mit dem was wir als thatsächlich wissen. Denn nichts wissen wir wirklich, als daß eine große Anzahl von Vorgängen sich so ansehen lassen, als ob sie von allgemeinen Gesetzen bedingt würden; immerhin ist die Menge derjenigen noch viel größer, deren Unterordnung unter solche noch nicht gelungen ist; eine ausnahmslose Herrschaft von Gesetzen über die ganze Wirklichkeit ist daher weder ein wirkliches noch ein mögliches Ergebniß der Erfahrung, sondern eine Voraussetzung, mit der wir an jede Erweiterung unserer Erfahrung gehen. Nur zweierlei bleibt daher übrig; entweder diese Voraussetzung als eine solche anzuerkennen und ihr zu glauben, mithin diese eine gewisse Einsicht uns zuzutrauen, durch welche unser Denken, sein eignes Gebiet überschreitend, etwas über die Natur des Wirklichen festsetzt; oder sie gleichfalls für eine bloße Voraussetzung anzusehen und ihr deswegen zu mißtrauen, mit Dank die Fälle anzunehmen, in denen sie sich bestätigt, zugleich aber die Möglichkeit im Auge zu behalten, daß wir auf Gebiete stoßen werden, in denen sie sich nicht bestätigt. So oft nun menschliches Nachdenken bis zu wissenschaftlicher Betrachtung der äußern Welt fortgeschritten, hat es ohne Ausnahme die erste dieser Meinungen vorgezogen; auch diejenigen, die am meisten unberechtigte Uebergriffe der Vernunft abwehren und sich rühmen, der Natur nur ihre eigenen Gesetze abzufragen, halten nur den Inhalt dieser Gesetze für unbekannt, nicht ihr allgemeines Vorhandensein für zweifelhaft; sie bemerken blos nicht, daß sie mit dem zweiten Gliede dieses Ausspruchs dennoch über die Wirklichkeit eine Behauptung a priori aufstellen, deren Möglichkeit sie in dem ersten verneinen. Die andere Meinung kann man an einem einzelnen Punkte zu entdecken meinen: in dem Glauben an die Freiheit des menschlichen Willens. Ueber das sachliche Recht dieser Annahme habe ich hier nicht zu urtheilen; formell aber gehört sie nur scheinbar diesem zweiten Gesichtspunkt an; sie behauptet nicht, daß principlos dasselbe bald frei bald bedingt sei; indem sie vielmehr einen Theil der Wirklichkeit einer gesetzlichen Determination beständig und ausnahmslos unterwirft, das Vorkommen der Freiheit aber ausschließlich an das Vorhandensein einer bestimmten geistigen Natur des wollenden Subjectes knüpft, setzt sie vielmehr eine allgemeine gesetzliche Ordnung der Wirklichkeit voraus und gibt nur dieser Ordnung den eigenthümlichen Inhalt, an bestimmten Stellen des Weltlaufs das Eintreten unbedingter Elemente zu gestatten, die dann, einmal in die Wirklichkeit aufgenommen, nun in ihr gesetzlich bedingte Folgen hervorbringen. Auch diese Meinung also, noch deutlicher aber jede, die mit Leugnung der Freiheit auch die innere Welt, wie die äußere, einem gesetzlich determinirten Zusammenhang unterwirft, erlaubt sich hiermit eine apriorische Behauptung über die Wirklichkeit, deren allgemeine Gültigkeit empirisch nicht nachgewiesen werden kann. Ob sie dies mit Recht thue, darüber ist logisch eine zwingende Entscheidung unmöglich; denn jeder Versuch, diese Behauptung als denknothwendig zu erweisen, würde ihre Gültigkeit für die Wirklichkeit unentschieden lassen, jeder Versuch aber, sie als übereinstimmend mit der Natur der Wirklichkeit darzuthun, würde in andern Formen und Worten denselben Anspruch einschließen, den er rechtfertigen will, nämlich den, durch Denken überhaupt etwas a priori, nämlich allgemein, über die Wirklichkeit behaupten zu können, die wir empirisch ja niemals allgemein kennen lernen. Mit Grund wird man daher sagen, daß alle unsere Beurtheilung der Wirklichkeit auf dem unmittelbaren Zutrauen oder auf dem Glauben beruht, mit dem wir einer Forderung des Denkens, die das eigene Gebiet desselben überschreitet, allgemeine Gültigkeit zuerkennen. Thatsächlich liegt diese unbegründbare Zuversicht aller Logik zu Grunde, so auch dem Ausdruck, auf den wir die allgemeine Tendenz des Denkens zurückbrachten, gegebenes Zusammensein in Zusammengehörigkeit zu verwandeln. Alle Verfahrungsweisen der angewandten Logik bedeuten etwas nur unter der Voraussetzung, daß die Wirklichkeit den inneren Zusammenhang besitzt, den jene Tendenz ihr zuschreibt; besäße sie ihn nicht, so würde der Rechtsgrund nicht bestehen, auf den jede Induction sich stützt, wenn sie eine bestimmte Folgerung aus Erfahrungen auch nur für wahrscheinlicher hält als eine andere; es würde sein Bewenden haben müssen bei der Aufzählung der Prämissen und der Schlußsatz würde fehlen.

350. Der dritte Punkt blieb übrig. Die Annahme eines allgemeinen gesetzlichen Zusammenhangs der Wirklichkeit lehrt nicht von selbst die Einzelgesetze kennen, nach denen bestimmte Vorgänge b an bestimmte andere a gebunden sind. Wir haben ferner schon uns überzeugt, daß analytisch aus der begrifflichen Zergliederung der Denkinhalte von a und b die Nothwendigkeit nicht zu ermitteln ist, mit welcher die Verwirklichung des einen auf die des andern folgen müßte. Es bleibt nur übrig, daß wir uns entweder eine unmittelbare Gewißheit über die allgemeine und nothwendige Geltung synthetischer Urtheile zutrauen, die eine solche Verknüpfung dennoch befehlen, oder daß wir alle jene bestimmten Gesetze der Wirklichkeit den Aussagen der Erfahrung durch die früher geschilderten Methoden der Untersuchung abgewinnen. An diesem Scheidewege möchte ich mich mit einer allgemeinen Formel willfähriger Anbetung von weiterer Lobpreisung der zweiten Annahme loskaufen. Es wird allmählich langweilig, endlos wiederholt zu hören, wie selbstentsagend die Vernunft sich der Natur gegenüber zu verhalten habe, wie sie so gar nichts aus eignen Mitteln entscheiden könne und sich in wesenlose Hirngespinste verirre, wenn sie nicht bei jedem Schritte sich die nothwendigen Data ihrer Folgerungen von der Erfahrung erbitte. Leider können wir nicht behaupten, daß diese Warnungen überflüssig und gegenstandlos sind, denn geirrt ist genug durch ihre Mißachtung; aber wie jede Sittenpredigt unleidlich wird, wenn sie gar kein Ende nimmt, so regt auch diese zuletzt uns nur zu der Frage an, ob die Ansprüche, welche sie erhebt, nicht ebenso einseitig sind, als zugegebenermaßen die sind, welche sie zurückweisen will. Kann also die empirische Aufsuchung von Gesetzen der Wirklichkeit ihre Aufgabe wirklich ganz aus eignen Mitteln lösen, etwa mit Hülfe des Identitätsprincips, im Uebrigen aber ohne synthetische Urtheile a priori vorauszusetzen? Daß sie es nicht könne, war die Lehre Kant's; wenn wir zu gleicher Behauptung kommen, so trifft es sich, daß wir zugleich einen wesentlichen Punkt deutscher Philosophie vertheidigen, über den wir von allen Nationen angegriffen werden.

351. Darauf hatte uns durch Hume der englische Skepticismus beschränken wollen, entweder in Mathematik

Erkenntnisse auszusprechen, die ihm nur auf dem Satze der Identität zu beruhen schienen, oder in Geschichte durch synthetische Urtheile a posteriori das Geschehene wieder zu erzählen, nachdem es geschehen und somit Gegenstand der Erfahrung geworden ist; unmöglich sei jede wissenschaftliche Folgerung, die ein zukünftiges b aus einem a voraussagen wolle, das mit ihm nicht identisch sei. Ehe ich den letzten Theil der Behauptung erörtere, scheint es mir nützlich zu zeigen, daß, wenn er gilt, die beiden ersten nicht gültig sein können. Die Möglichkeit synthetischer Urtheile a posteriori beargwohnt man zu wenig, weil man sie für einfache Ausdrücke der Erfahrung hält, in die sich nichts von vorwitziger Thätigkeit unseres Denkens eingemischt habe. So lange sie indessen Urtheile sind, gleichviel ob in sprachlicher Form ausgeprägt oder nicht, sind sie immer Bearbeitungen des Gegebenen durch Hineindeutung innerer Zusammenhänge, die in unmittelbarer Beobachtung niemals in ihm gegeben sind. Keine Wiedererzählung eines Ereignisses ist möglich, ohne daß wir einen Theil der sinnlichen Bilder, die uns bei seiner Wahrnehmung entstanden, als Subject, einen andern als Prädicat zusammenfassen, und ohne daß wir zwischen den Inhalten dieser beiden Begriffe eine Beziehung des Wirkens und Leidens oder der gegenseitigen Aenderung von Zuständen mitdenken, die in den Wahrnehmungen selbst gar nicht gegeben ist. Man kann behaupten, der Satz: Cäsar ging über den Rubico, bedeute nur: eine gewisse, zwar etwas veränderliche, aber doch beisammenbleibende Gruppe sinnlicher Eindrücke, die man der Kürze halber Cäsar nenne, habe ihre räumliche Stellung gegen eine andere Gruppe sinnlicher Eindrücke, die Rubico heiße, so verändert, daß sie in der Anschauung eines und desselben Beobachters erst rechts dann links von dieser zweiten wahrgenommen worden sei; ich antworte mit gleicher Hartnäckigkeit: daß jene Gruppe Cäsar dieselbe rechts und links gewesen sei, daß sie also *ihre* Stellung verändert habe, liegt nicht in dem Inhalt der Wahrnehmung, sondern ist eine Annahme, die einer zusammenhängenden und stetigen Aenderung der Erscheinung ein beständiges Substrat mit nur wechselnden Relationen unterschiebt. So oft wir erzählend von irgend einer räumlichen Bewegung sprechen, drücken wir schon nicht mehr die Wahrnehmung, sondern eine Hypothese über sie aus; *gesehen* haben wir nicht, daß dasselbe reale a nach und nach die Orte m n p durchlief; die beobachtete Thatsache ist nur, daß in aufeinanderfolgenden Zeitpunkten gleiche Erscheinungen a an aufeinanderfolgenden Raumpunkten sichtbar waren; wer kein Bedürfniß hätte, diese Thatsache sich durch die Annahme eines bleibenden Subjects zu erklären, könnte die Behauptung: a habe sich bewegt, nicht mehr als Erzählung einer Wirklichkeit, sondern nur als bequeme, sachlich bedeutungslose Manier seines Ausdrucks wagen; versagt er sich diese Einmischung von Gesichtspunkten, nach denen wir den Wahrnehmungsinhalt deuten, so sind auch alle synthetischen Urtheile a posteriori, alle Urtheile überhaupt unzulässig, und anstatt der Wiedererzählung bleibt in der That nur die Möglichkeit der Wiedererinnerung einer Reihe von Wahrnehmungen übrig, eine Reproduction des Rohmaterials, aus dem man Urtheile bilden könnte, wenn es erlaubt wäre.

352. Man wird anderseits weder die Gültigkeit noch die Wichtigkeit, um so mehr aber die Fruchtbarkeit des Satzes der Identität in Erzeugung mathematischer Wahrheit bezweifeln, ja vielmehr behaupten müssen, daß, wenn er allein gälte, diese Wahrheit nicht auffindbar sein würde. Welche Gleichung oder Ungleichung $a = b$ oder $a \gtrless b$ wir auch aussprechen mögen, immer müssen wir diejenige Geltung des Identitätssatzes voraussetzen, vermöge deren $a = a$, $b = b$, jede Größe also, die wir mit andern in irgend eine Beziehung bringen wollen, mit sich selbst identisch ist; denn offenbar geht jede Gleichung oder Ungleichung zwischen verschiedenen ihrer Bedeutung verlustig, wenn jede der Größen unbeschränkt vieldeutig ist, die in ihr zusammengestellt werden. An dieser Stelle gilt der Identitätssatz deutlich und ist die Bürgschaft aller Wahrheit; gerade hierauf hat man indessen am wenigsten geachtet; man hat vielmehr jene andere Anwendung desselben hervorgehoben, durch welche beide Seiten einer Gleichung einander gleich gesetzt werden; in ihr, als einem Ausdruck des Identitätssatzes, fand man nicht nur die Bürgschaft der Wahrheit, sondern in der verketteten Wiederholung solcher Gleichsetzungen das fruchtbare Verfahren zu deren Entdeckung. Von beiden Behauptungen kann ich mich nicht überzeugen, daß sie genau ausdrücken, was sie meinen. Gleichungen geben entweder wie: $\sqrt{4} = 2$ den bestimmten Größenwerth einfach an, der aus der Ausführung einer Rechnungsoperation in Bezug auf eine

gegebene Größe entsteht, oder sie sagen aus, wie $\sqrt{ab} = \sqrt{a} \cdot \sqrt{b}$, daß man zu demselben Ergebniß gelangt, wenn man formell verschiedene Operationen in vorgeschriebener Reihenfolge oder Verbindung auf irgend welche innerhalb bestimmter Grenzen gegebenen Größen anwendet. In beiden Fällen liegt nun doch der Werth des ganzen mathematischen Verfahrens nicht einseitig auf der gefundenen Gleichheit des Ergebnisses, sondern eben darauf, daß verschiedene Wege zu demselben Ziele führten, daß es also möglich war, Verschiedenes gleich zu setzen. Wollte man mir entgegnen, daß doch der Größenwerth der verschiedenen hier verglichenen Glieder nicht nachträglich gleich gemacht werde, sondern immer gleich gewesen sei und daß diese Gleichheit sich nur unter den verschiedenen Formen verborgen habe, in denen beide ursprünglich gegeben waren, oder daß der eine dieser Ausdrücke nur die Aufgabe, der andere die Auflösung bezeichne, so würde man genau das sagen, was ich selbst will, und nur etwas als selbstverständlich ansehen, was ich nicht dafür halten kann. Denn woher nimmt man das Zutrauen zu der Möglichkeit, daß ein mit sich identischer Werth unter verschiedenen Gestalten gegeben werden könne? Aus dem Satze der Identität allein doch nicht; denn in ihm liegt nicht die mindeste Hindeutung auf einen Gegensatz zwischen Form und Inhalt oder Form und Werth; brächte man aber die Vorstellung dieses Gegensatzes aus anderer Quelle hinzu, so würde selbst dann der Satz nichts über ihn aussagen können. Er würde nur wiederholen: jede Form ist mit sich selbst und jeder Werth mit sich selbst identisch; daß aber derselbe Werth unter verschiedenen Formen möglich sei, könnte er nicht behaupten, weil er für diese Behauptung keine Grenze ihrer Gültigkeit festzustellen wüßte, außer einer solchen, die zu einer unfruchtbaren Tautologie zurückführte; denn die Frage: welche verschiedengeformte Ausdrücke identische Werthe bezeichnen, könnte er nur dahin beantworten: diejenigen eben, in denen ein und derselbe identische Werth enthalten ist. Ich brauche nun nicht weitläufig hinzuzufügen, daß in dieser Möglichkeit, Verschiedenes gleich zu setzen, nicht aber in der nackten Anwendung des logischen Identitätsgesetzes, der bewegende Nerv aller fruchtbaren mathematischen Denkarbeit liegt. Man käme nicht weiter, wenn man unter das Subject eines gegebenen Obersatzes immer nur ein ihm schlechthin identisches subsumiren dürfte; man kommt aber weiter, weil man durch unzählige Substitutionen, durch Zerfällung und Wiederverknüpfung eine in der Form a gegebene Größe in die Form b bringen und sie so jedesmal demjenigen Oberbegriffe subsumirbar machen kann, mit dessen Hülfe wir nach bekannten Rechnungsregeln ihr ein Prädicat beilegen können, das aus ihrer ursprünglichen Form nicht ableitbar war. Alles hängt daher von der Berechtigung ab, Verschiedenes gleichzusetzen, und diese Berechtigung fließt, unmittelbar wenigstens, nicht aus dem Sinne des Identitätsprincips.

353. Ich knüpfe das Weitere an die Ueberlegungen an, die ich in der reinen Logik bereits über Urtheile von formal synthetischer dem Inhalt nach identischer Natur anstellte. Ich habe damals Kant's erwähnt, der in seinem Bestreben, synthetische Urtheile a priori in allen Richtungen unseres Vernunftgebrauchs nachzuweisen, auch den arithmetischen Satz $7+5=12$ unter ihnen zu finden glaubte. An jener Stelle kam es mir darauf an, die Nothwendigkeit der Inhaltsgleichheit hervorzuheben, die zwischen dem vollständigen Subject und dem vollständigen Prädicat jedes wahren Urtheils stattfinden müsse; nicht ganz befriedigt damit, daß Kant diese Forderung weniger ausdrücklich erwähnt, habe ich doch damals schon mir vorbehalten, auf das Richtige seiner Behauptung zurückzukommen (vergl. 58). Eine Anschauung schien ihm hinzukommen zu müssen, um uns in 12 die Auflösung der Aufgabe erkennen zu lassen, die in $7+5$ ausgedrückt war; um uns also zu zeigen, daß die zur Richtigkeit der Gleichung erforderliche Identität beider Seiten besteht. Nur als Beispiel halte ich diesen Satz nicht für glücklich gewählt, weil er den formalen Unterschied, auf den Gewicht zu legen ist, nicht recht in die Augen fallen läßt. Denn gewiß ist zwar 12 nicht lediglich ein anderer Name für $7+5$, sondern bedeutet, daß man dieselbe Größe, die durch Addition dieser beiden entsteht, außerdem als bestimmtes Glied der Zahlenreihe zwischen 11 und 13 finde; aber anderseits ist es doch die einfachste Vorstellung dieser Reihe selbst, sie aus wiederholter Addition der Einheit, also aus derselben Operation entstanden zu denken, durch welche man 7 und 5 verband; man faßt also sowohl die linke als die rechte Seite dieser Gleichung als Summe von Einheiten und zerlegt nur, wie es der Begriff der Summe zuläßt, links in zwei Schritte, was man rechts zusammenfaßt. Der Ausdruck $7+5=4^2-2^2$, ohne

übrigens wirklich das Wesentliche des Kantischen Gedankens mehr zu enthalten als jene erste Formel, würde deutlicher gemacht haben, daß es *verschiedene* Wege gibt, auf denen man zu einem und demselben Werthe gelangen kann. Denn das, worauf es ankommt, ist eben nichts Anderes, als die in dem Additionszeichen enthaltene Behauptung: Größen seien überhaupt *summirbar* zu einer gleichartigen neuen Größe, ein Satz, über dessen Wichtigkeit man wieder geneigt sein wird ganz hinwegzusehen, weil er ganz selbstverständlich und nichts als eine identische Definition der Zahlengröße scheint. Das ist er nun auch; aber wodurch wird uns diese selbstverständliche Erkenntniß zu Theil? Nicht jeder Vorstellungsinhalt läßt sich denselben Operationen unterwerfen: man kann nicht Roth und Grün addiren und davon Blau abziehen; die Töne c und d gestatten keine Summirung zu einem dritten x, der in der Tonreihe um das Intervall c höher läge als d, sowie in der Zahlenreihe 12 um 7 höher liegt als 5. Hier wird man verwundert fragen, wozu diese Bemerkung dienen solle? natürlich könne man mathematische Operationen nur auf Größen anwenden, in deren Natur es liege, ihnen zugänglich zu sein, nicht aber, oder wenigstens nicht unmittelbar, auf qualitativ verschiedene Eindrücke. Man will hier in der That das Nächstliegende nicht sehen: eben dies, daß es so etwas, wie Größe, in der Welt des Vorstellbaren *gibt*, während doch das Vorstellen selbst nicht, um nur überhaupt geschehen zu können, an das Vorstellen gerade dieser vergleichbaren Größen gebunden ist, eben dies ist eine Thatsache *unmittelbarer Anschauung*, die, wenn wir sie nicht hätten, durch logische Operationen, an andern Inhalten ausgeführt, gerade so wenig supplirt werden könnte, als wir den Begriff qualitativer Aehnlichkeit erzeugen würden, wenn uns keine vergleichbaren Sinneseindrücke, Farben oder Töne, als Bestandtheile des Ideenreiches gegeben wären. *Identisch* also ist der Satz gewiß, daß Größen summirbar sind; aber daß Subject und Prädicat dieses Satzes in der Welt des Vorstellbaren gültig vorkommen und daß er nicht gleichwerthig dem andern ebenfalls identischen Satze ist: jedes hölzerne Eisen ist hölzernes Eisen, das folgt nicht selbst wieder aus dem Satze der Identität. Nicht dieses nackte logische Princip mithin, sondern die Anschauung der Größe, deren Natur es möglich macht, unzählige inhaltlich identische und formal synthetische Urtheile zu bilden, ist die Bürgschaft der

Wahrheit und zugleich der Grund der Fruchtbarkeit arithmetischer Gedankenverknüpfung. Was sich hieran in mathematischem Interesse weiter anfügen ließe, muß ich dahingestellt lassen; logisch bekenne ich meine völlige Uebereinstimmung mit Kant auch darin, daß ich eine reine oder apriorische Anschauung der Zahlgröße, in dem früher bestimmten Sinne dieses Ausdrucks, festhalte. Ohne Veranlassung, die zuletzt immer durch äußere Anregungen erfolgt, tritt in unser Bewußtsein weder die Vorstellung der Größe überhaupt, noch die bestimmtere ihrer Summirbarkeit, noch endlich ein einzelner arithmetischer Satz; wir denken sie alle nur, wenn wir irgendwie zur Vorstellung zählbarer Objecte veranlaßt werden; wenn aber diese Veranlassung gegeben ist, so lernen wir nicht aus dem Inhalt dieser Wahrnehmung, daß $7+5=12$ sei, so daß die Sicherheit dieser Erkenntniß mit der Zahl der Fälle zunähme, in denen sie von späteren Wahrnehmungen bestätigt würde, sondern die einmalige Vorstellung von $7+5$, gleichviel ob durch äußere Wahrnehmung vermittelt oder nicht, reicht hin, um für sich allein und allgemeingültig die Gleichheit mit 12 zu lehren. Hätten wir bei wirklichen Zählversuchen äußerer Objecte in verschiedenen Wiederholungsfällen dies Ergebniß bald bestätigt bald nicht bestätigt gefunden, so würden wir alle, auch die entschiedensten Anhänger empiristischer Erklärungsweisen, nicht unsern arithmetischen Satz nach unsern Zählungen, sondern diese nach ihm corrigiren.

354. Vielleicht noch deutlicher als an diesem arithmetischen Beispiele läßt sich dasselbe an geometrischen wiederholen. Gegen das eine, welches Kant als synthetischen Satz anführt: die gerade Linie zwischen zwei Punkten sei die kürzeste, habe ich ähnliche Bedenken wie gegen das vorige gerichtet: auch dies Beispiel ist nicht glücklich gewählt, weil wir für den Begriff der Entfernung, der in dem Prädicat der Kürze enthalten ist, ein anderes unmittelbares Maß als die gerade Linie nicht besitzen; dieser Satz macht daher überwiegend den Eindruck der Identität von Subject und Prädicat. Sie ist auch, dem Inhalt nach, vorhanden, und der Satz würde gar nicht richtig sein, wenn sie nicht bestände; aber wodurch wird sie hergestellt? Nur dadurch, daß wir die beiden Punkte durch das verbinden, was wir ein Zwischen ihnen nennen. Nun ist klar, daß durch diesen Ausdruck die beiden Punkte nicht blos logisch als nicht identisch oder verschieden

überhaupt bezeichnet werden, denn das sind Grün und Sauer auch, ohne zu einem ähnlichen Satze zu führen; auch nicht als vergleichbar überhaupt, denn das sind, ebenfalls ohne solche Folge, Grün und Roth auch; sie werden vielmehr in einer eigenthümlichen Weise verbunden, deren Denkbarkeit und Bedeutung uns nur durch ursprüngliche räumliche Anschauung erkennbar wird, durch keine, an anderem Inhalt ausgeführte, logische Operation verständlich werden würde, wenn sie uns fehlte, und noch jetzt, da sie uns allen bekannt ist, durch keinerlei Umschreibungen, in denen sie nicht selbst schon versteckt enthalten wäre, verdeutlicht werden kann. Ausdrucksvoller sind andere Beispiele Kant's. Nehmet nur, sagt er, den Satz: daß durch zwei gerade Linien sich gar kein Raum einschließen lasse, mithin keine Figur möglich sei, und versucht ihn aus dem Begriffe von geraden Linien und der Zahl Zwei abzuleiten; oder auch, daß aus dreien geraden Linien eine Figur möglich sei, und versucht es eben so blos aus diesen Begriffen; alle eure Bemühung ist vergeblich und ihr seht euch genöthigt, zur Anschauung eure Zuflucht zu nehmen, wie es die Geometrie auch jederzeit thut. Diese Worte bleiben auch dann richtig, wenn man eine kleine Ungenauigkeit ihres Ausdrucks zum Versuch der Bestreitung benutzt. Nicht drei gerade Linien sind im zweiten Falle das vollständige Subject, dem das Prädicat zukommt, ein Dreieck zu bilden; sie müssen außerdem in derselben Ebene liegend, einander nicht parallel und beliebiger Verlängerung fähig gedacht werden; im ersten kann man nicht verlangen, die Unmöglichkeit der geschlossenen Figur aus den vereinzelten Begriffen der Zahl Zwei und der geraden Linie abzuleiten; vor allem muß Zwei als Anzahl dieser Linien, die Linien selbst als enthalten in demselben Raume vorgestellt werden. Fügt man diese Nebenbestimmungen hinzu, so wird man, obwohl nicht beide gleich kurzer Hand, doch beide Ergebnisse als identische Folgen der vorausgesetzten vollständigen Subjecte erkennen und so die Bedingung der Inhaltsgleichheit herstellen, unter der beide Sätze allein wahr sein können. Allein dies ändert die Sache nicht. Alle jene Ergänzungen, das Enthaltensein in derselben Ebene, der Nichtparallelismus, die mögliche Verlängerung, bedeuten ganz und gar nichts, wenn wir nicht die räumliche Anschauung voraussetzen, die allein bezeugt, daß so etwas, wie man es durch diese Worte bezeichnet, in der Welt des Vorstellbaren anzutreffen sei, und die, indem sie dem vollständigen Subject jener Sätze überhaupt erst einen vorstellbaren Sinn gibt, zugleich auch das in ihnen enthaltene identische Prädicat begründet. Identisch sind daher diese Sätze gewiß, obgleich unter synthetischer Form; daß es aber ihren ganzen Inhalt mit allen seinen innern Verhältnissen gibt, ist nicht Verdienst des Satzes der Identität; ich meine: nicht vermittelst dieses Princips kann man von der einen Ausdrucksform einer geometrischen Thatsache zu einer andern gleichgeltenden übergehen, sondern die eigenthümliche Natur des Raumes macht es möglich, daß eine sachliche Identität verschiedener Ausdrucksformen bestehen kann. Hierauf, auf der unbegrenzten Möglichkeit besonders, durch willkürliche Hülfsconstructionen jedes Raumgebilde immer andern mathematischen Gesichtspunkten oder Oberbegriffen unterzuordnen und ihm so die Prädicate zu verschaffen, die seiner ursprünglichen Auffassung fremd waren, nicht aber auf der bloßen Anwendung des nackten Identitätsprincips, beruht die Fruchtbarkeit der geometrischen Methode.

355. Nun kann ich den Einwurf erwarten, daß meine Betrachtung anderswo ende, als wohin sie kommen wollte. Zur Erweiterung der Erkenntniß, überhaupt um Gesetze des Verlaufs der Dinge zu finden, behauptete ich die Nothwendigkeit synthetischer Grundsätze a priori; jetzt habe ich mich auf Anschauungen berufen, die auf einmal Subject Prädicat und Copula des Urtheils liefern, durch das wir sie ausdrücken, und deren Annahme zuletzt nichts weiter als den wenig förderlichen Satz zu bedeuten scheint, man könne nicht denken ohne Vorstellung des Inhalts, über den man denken will; gegeben aber sei dieser Inhalt nicht *durch* das Denken, sondern *dem* Denken, in nicht wesentlich anderer Weise als jeder andere Inhalt, nämlich durch Erfahrung. Ueber den letztern Punkt wiederhole ich kurz, daß jede Erkenntniß, angeboren oder nicht, in diesem weiteren Sinne des Wortes Gegenstand der Erfahrung für denjenigen ist, der sie entweder beständig oder auf Veranlassungen entstanden in seinem Bewußtsein vorfindet; überdies haben wir von Anfang an zugestanden, daß keiner der Grundsätze, die wir als angeboren ansehen, auch nur als praktisch befolgter Obersatz unseres Urtheilens in uns wirksam wird bevor uns eine empirische Anregung zu seiner Befolgung gegeben ist, daß er aber vollends zum *Gegenstand* unseres Bewußtseins erst durch Reflexion auf seine unbewußt geschehenen Anwendungen werden kann. Ich habe daher in diesem Sinne nichts einzuwenden und halte es nur für unfruchtbar, wenn man darauf be-

steht, das Innewerden apriorischer Grundsätze selbst eine innere Erfahrung zu nennen; aber auch darin kann der Streit aprioristischer und empiristischer Ansichten nicht bestehen, daß die letztern einer äußern Erfahrung zuschreiben, was wir einer inneren verdanken wollen. Denn dieser Gegensatz besteht lediglich nicht; was man auch über eine vorausgesetzte Außenwelt sich für Gedanken machen mag: Erfahrungen können wir immer nur über ihre Abbilder in uns, über den Zusammenhang unserer Vorstellungen machen. Hierüber möchte ich kurz sein dürfen. In Deutschland wenigstens huldigt man noch nicht dem importirten Irrthum, als könne es gelingen, durch Nachmessung der Kanten und Flächenwinkel körperlicher Gebilde die Sätze der Geometrie zu bestätigen, oder andere zu entdecken als diejenigen, die wir auch mit geschlossenen Augen aus vorausgesetzten Verhältnissen bloßer Raumpunkte entwickeln; man weiß noch, daß jene Messungen, wenn wir sie ausführen, sich unmittelbar nicht auf die Natur der materiellen Ausfüllungen des Raumes, sondern auf Bestimmungen des Raumes beziehen, der durch sie ausgefüllt wird; daß sie endlich ausgeführt werden können nur durch äußerliche Hülfsmittel und durch Methoden, die sich alle auf die innere Gesetzlichkeit unserer Raumanschauung bereits gründen; daß wir also nicht dahin kommen können, durch Messungen diese unsere geometrische Erkenntniß an einer andern von ihr unabhängigen Erkenntnißquelle zu prüfen, sondern daß wir auf diesem Wege lediglich eine einzelne räumliche Anschauung den Gesetzen der allgemeinen geometrischen Anschauung subsumiren. Darauf allein würde daher der Unterschied der Meinungen zurücklaufen, daß wir die einfachen Grundsätze der Geometrie, die, daß jede gerade Linie ins Unendliche verlängert werden kann, daß die Gegenwinkel sich schneidender Geraden gleich sind, daß alle Nebenwinkelpaare dieselbe Summe geben, als Wahrheiten betrachten, die, einmal vorgestellt, für immer gelten; daß dagegen eine empiristische Auffassung folgerecht jedes einmalige Bewußtwerden derselben nur für eine psychische Thatsache ansehen müßte, von der nicht feststände, ob sie sich mit gleichem Inhalt wiederholen würde, deren allgemeine Geltung daher als wahr niemals, als wahrscheinlich aber nur durch Uebereinstimmung sehr vieler Wiederholungsfälle bewiesen werden könnte.

356. Wie wir uns zu dieser Ansicht verhalten, muß

ich noch einmal wiederholend zusammenfassen. Zuerst würde die Behauptung, *jede* Wahrheit bedürfe zu ihrer Allgemeingültigkeit diese Erfahrungsprobe, sich selbst widersprechen. Denn einestheils müßte sie ja sich selbst ihrem eignen Ausspruche subsumiren und könnte folglich nicht als allgemeiner Grundsatz gelten; anderntheils sahen wir früher, daß ohne die Voraussetzung der unbedingten Gültigkeit gewisser, der Erfahrung nicht verdankter Grundsätze auch von den aus Erfahrungen zu gewinnenden Erkenntnissen keine für wahrscheinlicher gelten kann, als eine andere (329). Auf der Möglichkeit unmittelbarer Erkenntniß des Allgemeingültigen beruht daher jede Ueberzeugung, die unsere nicht mehr als die unserer Gegner; Zwiespalt kann nur darüber sein, welche Wahrheiten wir dieser Erkenntniß zugänglich glauben. Selbstverständlich aber kann für Wahrheiten, die unmittelbar als allgemeingültig erkannt werden sollen, das Kennzeichen dieses ihres Rechtsanspruches nur in der Evidenz bestehen, mit der sie sich dem Bewußtsein aufdrängen und Anerkennung verlangen, ohne sie durch einen Beweis ihrer Richtigkeit zu erzwingen. Nun steht es endlos Jedem frei, sich diesem Verlangen zu fügen oder nicht; Jeder kann entweder ehrlich der Evidenz mißtrauen, mit der ein bestimmter Erkenntnißinhalt sich seinem Bewußtsein darstellt, oder er kann wenigstens chicanös sich darauf steifen, daß keine Evidenz in der Welt den Beweis für die Wahrheit des Evidenten gebe; nur wird er im letztern Falle sich gefallen lassen müssen, daß auch der Evidenz jedes versuchten Beweises sowie seiner eigenen Behauptung mit gleicher Chicane die Gültigkeit bestritten werde. Diese eitle Disputirsucht überlassen wir sich selbst; jenes ehrliche Mißtrauen dagegen ist berechtigt; denn gewiß kann die Ruhe und das streitlose Gleichgewicht des Gemüths, in welchem die Evidenz einer Erkenntniß, als psychischer Vorgang betrachtet, zuletzt besteht, auch durch Vorstellungsverknüpfungen von keineswegs allgemeiner Geltung hervorgebracht werden. Diese falschen Evidenzen haben wir zugegeben * und die logischen Versuche erwähnt, durch die wir uns von ihnen zu befreien suchen: sie laufen alle darauf hinaus, daß wir durch verschiedene Formungen Ausgangspunkte und Fortschritte unserer Ueberlegung von einem Subject S, dem wir ein Prädicat P zuschreiben *wollen*, alle in ihm selbst nicht enthaltenen, wohl aber in unserem Innern verstohlen mitwirkenden Nebenvorstellungen x sondern, die uns den Schein erwecken könnten, als gehöre dem S allein und allgemein ein P, das nur diesem $S + x$ zukommt. Die bestimmte Form eines Beweises erlangen diese Ueberlegungen nicht immer; daß eine gerade Linie ins Unendliche verlängert werden könnte, ist zu einfach, als daß es eine Erörterung darüber geben könnte, die nicht ganz tautologisch auf die unmittelbare Anschauung zurückkäme; für andere Grundsätze nehmen die Beweise die apagogische Form einer Zurückführung auf das Absurde an; sie leiten dann nicht die Wahrheit derselben aus der vorangeltenden eines andern Satzes ab, sondern bestätigen nur die Unmöglichkeit ihrer Nichtanerkennung. Wo dies nun geschehen und gelungen ist, da sehen wir den fraglichen Satz als einen allgemeingültigen, der empirischen Bestätigung durch die Wahrheit seiner Beispiele nicht bedürftigen, vielmehr ihnen gegenüber a priori feststehenden an; wir leugnen die Möglichkeit nicht, daß dieses Vertrauen der Vernunft in einzelnen Fällen dennoch täuschen kann; aber die günstige Präsumption der Wahrheit eines so gefundenen Satzes würden wir nicht aufgeben, nur weil das Mißtrauen möglich ist, sondern dann erst, wenn entweder die Befolgung seiner vorausgesetzten Richtigkeit in Widersprüche verwickelt, oder weil positiv sich die Wahrheit eines andern Satzes darthun läßt, aus der zugleich die Entstehung der scheinbaren Evidenz des falschen begreifbar wird.

357. Verschiedene Punkte bedürfen hier noch der Erläuterung. Von reiner Anschauung ist in der Kantischen Schule im Gegensatz zu dem Denken so gesprochen worden, daß mit diesem Ausdruck sich die Vorstellung eines besondern etwas geheimnißvoll bleibenden Verfahrens verknüpft hat, durch welches der erkennende Geist eine Leistung vollziehe, die seinem discursiven Denken unmöglich sei. Die Dunkelkeit, die dann über diesem Gedanken schwebt, rührt davon her, daß in der That gerade von der Anschauung nicht, wohl aber von dem Denken sich eine aus der Verknüpfung verschiedener Einzelhandlungen entstehende Verfahrungsweise schildern läßt; die Anschauung verhält sich ihrem Inhalt gegenüber wie thatlose Receptivität und ihre Leistung geschieht so mit einem Schlage, daß keine Schritte zu unterscheiden sind, die zu einer Beschreibung Veranlassung gäben. Man muß dies nicht mißverstehen. Wenn geometrische Anschauung uns lehrt, daß zwei Gerade, wenn sie sich schneiden, nur einen Punkt gemein haben können, so findet hierbei ohne Zweifel ein

Vorstellungsverlauf als psychischer Vorgang statt, den wir schildern könnten, wenn er uns im einzelnen Falle genau bekannt wäre; wir könnten angeben, wie wir zuerst jede der geraden Linien für sich denken, sie dann in eine Ebene rücken, sie aus paralleler Lage convergiren lassen, jede bis zu dem Schnittpunkt und darüber hinaus verfolgen; aber das alles ist nicht die geometrische Anschauung selbst; bis hierher sind nur alle die zusammengehörigen Beziehungspunkte ins Bewußtsein gebracht, über welche jetzt die Behauptung der Anschauung: nur ein Punkt könne beiden Geraden gemeinsam sein, wie eine einzige plötzliche Offenbarung erfolgt. Auf welche Weise dieser letzte Schritt vollbracht wird, das unmittelbare Innewerden der nothwendigen Wahrheit, die in den vollständig vorhandenen Beziehungsgliedern liegt, darüber ist jetzt gewiß, für mich nicht minder gewiß in aller Zukunft, jede weitere psychologische Analyse unmöglich. Nur in diesem Sinne völlig unmittelbarer Erkenntniß habe ich hier den Namen der Anschauung gebraucht und es folgt daraus eine weitere Bemerkung über die Bedeutung der Apriorität, die wir ihr zuschrieben. Ich habe früher erwähnt, warum Erkenntniß nicht in bloßer Aufnahme von Eindrücken, sondern in einer Rückwirkung bestehen muß, deren Form von der Natur des angeregten Geistes abhängt; ich habe nicht verhehlt, daß ich mit Kant darin übereinstimme, zu diesen Rückwirkungen die räumliche Anschauung zu rechnen, sie also für a priori oder angeboren in dem Sinne zu halten, in welchem von diesem Namen Gebrauch gemacht werden kann; für die gegenwärtige Frage aber hat diese Ansicht dennoch keine Bedeutung. Nicht deswegen, weil die Vorstellung des Raumes uns angeboren ist, sind wir im Stande allgemeine geometrische Sätze auszusprechen, die einmal gedacht immer gültig sind; wäre es nur sonst begreiflich, wie lediglich durch äußere Eindrücke die Vorstellung einer bestimmten Verbindung räumlicher Beziehungspunkte in uns entstehen könnte, so würde ihr gegenüber jenes unmittelbare Innewerden der in ihnen liegenden allgemeinen Wahrheit, die Leistung der Anschauung, nur ebenso aber nicht mehr unerklärlich und nicht weniger möglich sein, als wenn dieselben Beziehungspunkte nur durch die Mithülfe einer angebornen Rückwirkungsweise in unser Bewußtsein gebracht worden wären. Ich überlasse daher die Frage nach der Apriorität in dem Sinne des Angeborenseins und das, was hieraus folgen kann, der Metaphysik und beschränke den Gebrauch des Namens dahin, daß jene Erkenntnisse a priori sind, weil sie nicht durch Induction oder Summation aus ihren einzelnen Beispielen entstehen, sondern zuerst allgemeingültig gedacht werden und so als bestimmende Regeln diesen Beispielen vorangehen.

358. Und hiermit endlich hängt der letzte hier zu erwähnende Punkt zusammen. Von reinen Anschauungen, als einem angeborenen Besitz des Geistes, ist auch in Ausdrucksweisen gesprochen worden, aus denen als natürliche Consequenz die Annahme hätte fließen müssen, alle Wahrheit, die auf einer dieser Anschauungen beruhe, sei gleichfalls ein Schatz immer gegenwärtiger Erkenntniß, mit dem wir der Erfahrung, um sie zu beurtheilen, entgegenkommen. In der That hat schon Locke diese Consequenz zur Bestreitung der Lehre von den angeborenen Ideen benutzt; daß sie aber falsch ist, bedarf nur kurzer Ueberlegung. Wer überhaupt von angeborenen Erkenntnissen spricht, rechnet die mathematischen am gewissesten zu ihnen; gleichwohl haben sie alle erst entdeckt werden müssen, und der allen angeborene Besitz der Raumanschauung war nicht gleichbedeutend mit dem der Geometrie. Entdeckt aber wurden die elementarsten von ihnen, sobald die Aufmerksamkeit Veranlassung erhielt, von den höchst mannigfaltig gezeichneten Raumfiguren, mit denen uns die Wahrnehmungswelt umgibt, sich auf die einfachsten Beziehungen zu richten, die in ihnen allen enthalten sind; dann sprang unvermittelt die evidente Wahrheit der einzelnen Grundsätze als selbstverständlich hervor, ganz so wie es Platon's vortreffliche Darstellung im Menon zeigt; nur die Berufung auf ein Vorleben war überflüssig, aus dessen Erinnerung diese plötzlich auftauchende Einsicht stamme, denn auch in diesem Vorleben hätte die Ueberzeugung von der allgemeingültigen Gewißheit der damals in allgemeiner Gestalt angeschauten Wahrheiten doch nur durch dasselbe unmittelbare Innewerden entstehen können, durch welches wir sie in diesem Leben in ihren Einzelbeispielen wiedererkennen. Noch leichter versteht sich, warum verwickeltere mathematische Relationen auf Entdeckung warten mußten und warum noch immer ein unermeßliches Gebiet vor uns liegt, in welchem neue Entdeckungen zu machen sind; zur Wissenschaft werden die Consequenzen der einfachen mathematischen Principien eben erst dadurch, daß sie denkend gezogen werden; dies aber schließt eine höchst umfängliche immer fortschreitende

Arbeit genauer Definition mannigfaltiger Sonderung und bestimmter Verknüpfung gemachter Abstractionen ein, durch welche erst die Subjecte zweifellos festgestellt werden, von denen ein vielleicht nicht minder zusammengesetztes Prädicat behauptet werden soll. So paradox es daher scheinen mag, wir müssen uns der falschen Vorstellung entwöhnen, als läge die Welt des Selbstverständlichen von selber selbstverständlich vor uns und es käme nur darauf an, mit dieser bequem besessenen Wahrheit die widerspenstige Welt der Wahrnehmungen zu meistern; auch das Allgemeingültige, zu dessen Einsicht der Geist nur sich selbst bedarf, muß von ihm erst aus der Unermeßlichkeit der Vorstellungen, die sein Bewußtsein wirklich füllen, aufgefunden und gesondert werden. Und nicht einmal dies kann man allgemein erwarten, daß auf dem Wege dieser Besinnung auf sich selbst ihm die einfachsten aller seiner angeborenen Wahrheiten, die höchsten Grundsätze, zuerst zum Bewußtsein kommen; alle thun es ja nur auf Veranlassung eines bestimmten Beispiels oder eines Falles, den Wahrnehmung oder Einbildungskraft dem Geiste vorführen, damit er über ihn Recht spreche; so aber können die Wahrnehmungen beschaffen sein, daß sie nie den reinen Fall darbieten, und daß sie demgemäß auch die Einbildungskraft abhalten, die Vorstellung des reinen Falles auszubilden, über den, sobald er nur dem Bewußtsein gegeben wäre, der Geist unmittelbar mit der in ihm erweckten Ueberzeugung einer allgemeinsten grundsätzlichen Wahrheit urtheilen würde. So kann daher eine sehr schwere Aufgabe der Erkenntniß darin bestehen, uns durch Hinwegräumung aller der Hindernisse, welche die uns aufgedrungene empirische Verknüpfung unserer Vorstellungen entgegenstellt, zu der Einsicht in das Selbstverständliche erst hindurchzuringen.

359. Der Mathematik, die am leichtesten die Gegenstände ihrer Betrachtung von der Natur des Realen sondern konnte, an dem sie zur Wahrnehmung kommen, ist es im Ganzen möglich gewesen, von den einfachsten Wahrheiten zu ihren Folgen fortzuschreiten, nicht ohne daß dennoch die spätere Einsicht auch den früher erkannten Principien neue und umfassendere Ausdrücke gab. Anders ist der Weg der Mechanik gewesen, die unmittelbar auf das wirkliche Geschehen eingehend den Wechselwirkungen der Dinge ihre Gesetze vorzuzeichnen suchte. Ich brauche diesen vielgetadelten Ausdruck Kant's, um die Vorwürfe gegen

ihn auf ihr richtiges Maß zurückzubringen. Niemand will ja mit ihm gemeint haben, menschliche Vernunft könne mit willkürlicher Wahl Gesetze ersinnen, denen die Natur zu folgen verpflichtet sei; wenn aber die Vorstellung einer Beziehung zwischen verschiedenen Elementen uns gegeben ist, einfach genug, um jenen reinen Fall darzustellen, in welchem die eignen Gesetze der Natur ihre einfachste durch keine Vielheit mitwirkender Nebenbedingungen verhüllte Folge hervorbringen: warum soll dann die Vernunft, zu dem Ganzen derselben Welt gehörend, in welcher diese Wirkungen geschehen, nicht unmittelbar das Ergebniß inne werden können, das aus jener Beziehung entspringen muß? Nicht ihre subjectiven Gesetze drängt sie dann der Natur auf, sondern sie erräth die eigenen dieser und stellt sie nun als verbindliche Regeln dem Gewirr der einzelnen Vorgänge zu deren Beurtheilung und Erklärung voran. In diesem Sinne ist die reine Mechanik eine apriorische Wissenschaft; viele ihrer Sätze mag immerhin die Erfahrung zuerst angedeutet und das Suchen nach ihnen veranlaßt haben; gefunden und in die genaue Gestalt eines Gesetzes sind sie alle gebracht worden nicht auf Zeugniß wiederholter Wahrnehmungen, sondern durch eine Gedankenarbeit, die in einem vorgestellten reinen Fall mit unmittelbarer Klarheit das Selbstverständliche sah und verwickelte Fälle auf einfache zurückzuführen Mittel fand. Man pflegt dies so auszudrücken, daß innerhalb ihrer selbst die Mechanik eine vollständig demonstrative Wissenschaft sei, die aus selbstgemachten Voraussetzungen nothwendige Folgen mit vollkommener Schlußkraft entwickle; dafür habe sie, der Erfahrung gegenüber, nur hypothetische Gültigkeit, unter der Voraussetzung nämlich, es gäbe Wirklichkeiten, die sich genau den Begriffen subsumiren lassen, aus denen sie ihre Folgerungen gezogen hatte. Diese Ausdrucksweise gibt unberechtigten Zweifeln an der Erfüllung jener Voraussetzung zu viel Raum und entspricht auch der Sache nicht. Denn entstanden ist die Mechanik nicht in einem nachsinnenden Bewußtsein, das vor aller Erfahrung mit Möglichkeiten gespielt hätte, sondern unter dem unablässigen Drucke der Erfahrung, die Erklärung verlangte; die abstracten allgemeinen Bedingungen, aus denen wir in ihr bestimmte Folgen ableiten, sind nicht problematische Entwürfe von Etwas, was sich vielleicht finden könnte, sondern Reductionen des assertorisch Gegebenen auf seine allgemeingültige Gestalt. Nothwendig aber war diese Reduction um der einzigen wirklichen Voraussetzung willen, mit der die Mechanik steht und fällt, der nämlich, *daß* überhaupt in dem Geschehen gesetzliche Ordnung *gilt*. Besteht diese Annahme einmal zu Recht, und wirken in dem Verlauf der Dinge viele Elemente A B C ... zusammen, jedes von ihnen in verschiedenen Formen $\alpha\,\alpha^1\,\alpha^2 \dots \beta\,\beta^1\,\beta^2 \dots$ endlich alle in veränderlichen Beziehungen M N ..., deren jede die verschiedenen Werthe $\mu\,\mu^1 \dots \nu\,\nu^1 \dots$ annehmen kann, so muß dann jedes Einzelereigniß das Gesammtergebniß vieler Einzelgesetze sein, deren jedes nur von zwei Elementen A B und ihrer Beziehung M handelt und die Wirkung W bestimmt, die aus diesen Datis folgt, und die sich in $w\,w^1 \dots$ ändert, wenn A B und M ihre veränderlichen Formen oder Werthe durchlaufen. Vielleicht gibt die Erfahrung niemals ein reines Beispiel eines dieser Einzelgesetze; aber es wäre doch Unverstand, die Mechanik deswegen zu tadeln, weil sie zuerst von einer Bewegung spricht, ohne den Widerstand zu beachten, der doch keiner fehlt, von einer gleichartigen Masse ferner, die nirgends aufzuweisen ist, von einem völlig starren Körper endlich, statt dessen die Wahrnehmung immer nur elastische nachgiebige mehr oder minder harte zeigt. Es wird Zeit sein, die Einflüsse dieser Nebenbedingungen in Betracht zu ziehen, sobald die allgemeinen Gesetze bekannt sind, auf deren Folgen sie umgestaltend einwirken; wenn aber auch niemals die Theorie der widerstehenden Mittel der specifischen Eigenschaften der Materie und ihrer Molecularzustände die einfache Klarheit der übrigen mechanischen Lehren erreichte, so würde sicher eine Naturbetrachtung noch weniger Glück haben, die nicht einmal die Gesetze der einfachen und reinen Fälle wüßte, von denen jeder einzelne unreine um eine bestimmbare Differenz abweicht. Denn es ist eben keineswegs bloße Bequemlichkeit einer ungenau abkürzenden Untersuchung, wenn wir von der ganzen Eigenthümlichkeit eines concreten Falles absehend zunächst das Gesetz eines allgemeinen und abstracten suchen; jene Voraussetzung von der Gesetzlichkeit des wirklichen Geschehens schließt die sachliche Nothwendigkeit ein, daß die Gesammtwirkung vieler Elemente aus den Einzelwirkungen zusammengesetzt sei, die je zwei, in bestimmter Beziehung zusammengefaßt, für sich erzeugen und nach einem beständigen Gesetz mit der Aenderung dieser Beziehung ändern.

360. Den mechanischen Betrachtungen hat es nun der empirische Inhalt und Verlauf der Wahrnehmungen keineswegs leicht gemacht, auch nur die Vorstellungen der einfachen und reinen Fälle zu fassen, über welche dann eine unmittelbare Anschauung der Wahrheit ein selbstverständliches und allgemeingültiges Urtheil auszusprechen gewußt hätte; im Gegentheil hat hier die Erfahrung am meisten ihre früher berührte schädliche Wirkung geübt, durch beständige Vorführung des Besonderen und Bedingtgültigen von der Auffassung des Allgemeinen und Unbedingten abzulenken. Das ganze Alterthum ist vergangen, ohne daß der Begriff der Bewegung, der Mittelpunkt aller Mechanik, zu der Einfachheit herausgearbeitet worden wäre, in welcher er Gegenstand unmittelbarer Erkenntniß werden kann. Drei große Beispiele hielt die Erfahrung der Einbildungskraft vor: die unablässige Bewegung der Himmelskörper, die bald wieder aufhörende der von außen angetriebenen irdischen Massen, die von innen kommende aber ermüdende Regsamkeit der lebendigen Wesen; von den widerstreitenden Nebenbestimmungen dieser Fälle den einfachen Vorgang aller Bewegung, die stetige Veränderung des Ortes, abzulösen wollte nicht gelingen; es blieb bei einer Vermischung des Phänomens mit vorausgesetzten Ursachen, die dazu führte, entweder den Lauf der Gestirne als göttliche Bewegung über die allgemeinen Naturgesetze erhöht oder die Bewegungen der irdischen Körper als erzwungene unter das hinabgedrückt zu denken, was in der Natur Rechtens wäre; die Analogie der Ermüdung unserer eigenen Thätigkeit trug dazu bei, im Ganzen das baldige Erlöschen jeder Bewegung als selbstverständlich, ihre ewige Fortdauer als göttliche Ausnahme anzusehen. Eine viel spätere Zeit erst kam dahin, das, was j e d e r Bewegung wesentlich ist, einfach als Verhältniß von Geschwindigkeit Zeitdauer und Raum zu fassen und mit der unscheinbaren Formel $s = ct$ die Grundlage einer wissenschaftlichen Bewegungslehre zu schaffen. Mit ihr trat das Gesetz der Beharrung von selbst in das Bewußtsein; denn auch wenn die Auffindung dieses Gesetzes aus der Verallgemeinerung der Versuchsergebnisse hervorging, die jede Bewegung um so länger fortdauern zeigten, je mehr alle äußeren Hindernisse entfernt wurden, so zweifelt doch Niemand, daß das einmal aufgefundene der Ausdruck einer spät eingesehenen Denknothwendigkeit ist. Daß es Bewegung g e b e, mußte man aus Erfahrung lernen; wenn es sie aber gibt oder geben soll, so gehörte

die Voraussetzung ihrer Beharrung dazu, um ihre Anschauung auch nur möglich zu machen (247). Aehnlichen Schwierigkeiten unterlag es, den Begriff der Masse zu bilden. Die Körper, mit denen wir zu hantieren gewohnt sind, feste wie flüssige, folgten dem Zuge der Schwere, aber Dämpfe und Feuer stiegen empor; so entstand die Vorstellung zweier entgegengesetzten Triebe, die, zu der Natur der Körper wesentlich gehörend, nach zwei Richtungen auseinandergingen, Richtungen, die man allerdings durch qualitative Verschiedenheit der Endpunkte, zu denen sie führen, gültig hätte unterscheiden können, aber doch mit unverständlichen Gegensätzen des Oben und Unten eines absoluten Raumes verwechselte. Spät erst, nachdem die Combination erweiterter Beobachtungen die Einseitigkeit der ursprünglich gegebenen ausgeglichen und gezeigt hatte, daß weder die Richtung noch die Intensität der Schwere überall dieselbe ist, kam die natürliche Vorstellung zur Geltung, daß jede neubeginnende Bewegung eine Bestimmung ihrer Richtung a fronte oder a tergo, durch Anziehung oder Abstoßung in gerader Linie bedarf, daß sie also immer aus einer Wechselwirkung verschiedener Elemente im Raume entspringt und daß die Größen dieser Wirkung von den Mengen eines gleichartigen Realen abhängen, die in jedem dieser Elemente vereinigt sind. Auch die so entstandene Vorstellung der Masse, die nur auf die Größe des Trägheitswiderstandes, den ein Reales im Raum jeder ihm angesonnenen Bewegung entgegensetzt, sowie auf die Größe der Kraft Rücksicht nimmt, mit der es selbst jede von ihm ausgehende Bewegung zu erzwingen sucht, mag neue Fragen anregen, auf welche die Philosophie zu antworten hätte; sobald indessen ein gesetzlicher Verlauf von Naturereignissen da ist oder da sein soll, in welchem jeder einzelne Vorgang die Bedingung für ein bestimmtes Maß eines auf ihn folgenden sein soll, wird man als eine selbstverständliche Voraussetzung hierzu die in dem Begriff der Masse ausgesprochene Vergleichbarkeit der realen Elemente in Bezug auf die Größe aller von ihnen zu erwartenden Leistungen leicht erkennen. Wie groß aber die Macht einseitiger Beobachtung über unsere Auffassungen ist, beweist der Unglaube, den noch jetzt die gewöhnliche Einbildungskraft der Möglichkeit der Antipoden entgegensetzt, und die Irrthümer naturphilosophischer Schulen, für welche zwar nicht mehr die ewige Abwärtsbewegung des

Alterthums, aber doch die concentrisch zusammendrängende Schwere so sehr zu dem allgemeinen Begriffe des Realen gehörte, daß die Vorstellung gewichtloser Masse ihr stets ein Widerspruch schien. Ich muß hier abbrechen; aber eine Geschichte der Ausbildung der mechanischen Vorstellungen würde eine anregende Aufgabe darin finden, nicht immer blos zu wiederholen, wie wir lediglich durch Verknüpfung der Erfahrungen zur Kenntniß der Naturgesetze gekommen sind, sondern auch hervorzuheben, wie zuerst die Einseitigkeit der Erfahrungen uns eine Menge falscher Gedanken aufgezwungen und uns verhindert hat, selbstverständliche Wahrheiten früher einzusehen.

361. Ueber den logischen Charakter der einfachsten mechanischen Grundsätze bestehen entgegengesetzte Meinungen. Eben weil man sie zunächst nicht auf die wirklichen Körper, sondern auf vorausgesetzte Substrate bezieht, deren ganze Natur durch unsere Definition derselben feststeht, glaubt man einerseits sie für analytische Urtheile ansehen zu müssen, deren Wahrheit das Gesetz der Identität verbürge; anderseits hält man sie, auch in jener abstracten Reinheit gefaßt, noch immer für synthetisch und deswegen nur für probable Hypothesen, deren Richtigkeit nur durch das Zusammentreffen mit der Erfahrung und durch die allseitige Uebereinstimmung ihrer Folgen untereinander bestätigt werde. Ich kann über diese Frage nur ebenso urtheilen, wie über die verwandte in Bezug auf Arithmetik und Geometrie, muß jedoch mich mit einer kurzen Andeutung begnügen, ohne ihr hier die wünschenswerthe Ausdehnung geben zu können. Allgemein könnte ich mich dahin ausdrücken, daß die beiden Data A und B, über deren Zusammenhang ein mechanischer Satz urtheilen soll, uns nicht nur einzeln gegeben sind, sondern daß ihre Vorstellungen nur innerhalb einer gemeinsamen Anschauung verständlich sind und verstanden werden, durch welche zugleich die Beziehung zwischen beiden bestimmt wird. Kehren wir zuerst zu einem arithmetischen Beispiel zurück. Daß $3a - 3a = 0$, wird man geneigt sein, unmittelbar auf den Satz der Identität zurückzuführen; gleichwohl sagt dieser für sich allein doch nur, daß $3a = 3a$ und $-3a = -3a$, endlich $3a - 3a = 3a - 3a$; daß diese letzte Formel $= 0$ sei, können wir nur auf Grund der sachlichen Anschauung behaupten, es gebe zwei ausführbare Operationen der successiven Hinzufügung von a zu a und der Abziehung des a von 2a, die einander gerade aufheben

und deren gleich oftmalige Wiederholung zur Wiedervernichtung jeder erzeugten Größe führe. Denn in der That bezeichnet doch in $+a-a$ das Zeichen — nicht blos einen Gegensatz zu $+$, sondern zugleich die Art, wie dieser Gegensatz wirksam werden kann und soll, die Subtraction; wüßte man von der Möglichkeit dieser Operation nichts, oder wäre sie nicht ausführbar, so würde man aus $a-a$ die Folge 0 ebensowenig erzeugen, als man aus der bloßen Vereinigung der contradictorischen Begriffe Möglichkeit und Unmöglichkeit im Denken irgend ein Resultat erzielen könnte; gleichwohl können beide auch, als Gegensätze, durch a und $-a$ bezeichnet werden, aber dieses — läßt sich nicht durch eine Subtraction deuten. Man sieht daher, daß man den Satz $a-a=0$ ebensowohl für identisch als für synthetisch ansehen kann. Identisch ist er, weil er ja falsch sein würde, wenn die beiden Seiten der Gleichung nicht vollkommen denselben Inhalt vorstellten; daß aber diese Identität stattfindet, ist durch keine blos logische Zergliederung des a des $-a$ und des — zu ermitteln, sondern lediglich durch die unmittelbare Anschauung der Bedeutung, welche hier dieses — haben kann, weil es auf Vermehrung und Verminderung von Größen bezogen ist; der Satz ist mithin eine synthetische Behauptung der Identität zweier formverschiedener Inhalte, einer Aufgabe und ihrer Lösung. Ein ähnliches Beispiel bietet mechanisch die Bestimmung der Resultante zweier Bewegungen, die einen Winkel einschließen. Ich beschränke mich auf Anführung der Voraussetzung, von der die gewöhnlichen Beweisversuche beginnen, nämlich daß die Resultante zweier gleichen Bewegungen den Zwischenwinkel halbire. Man sieht diesen Satz für selbstverständlich an und glaubt in diesem einfachsten Falle unmittelbare Gewißheit eines Ergebnisses zu besitzen, auf welches man verwickeltere Aufgaben zurückzuführen hätte, und gewiß werden auch die Vorsichtigsten in ihm nicht blos eine probable Hypothese sehen wollen, sondern eine Wahrheit, die nur zu einfach ist, um aus einer noch einfacheren bewiesen werden zu können. Was man aber zur Erläuterung noch hinzuzufügen pflegt: es sei kein Grund vorhanden, warum die Resultante der einen Componente näher liegen sollte als der andern, kann uns dienen, die logische Natur des Satzes zu verdeutlichen. Denn das Fehlen zweier Gründe für zwei andere Klassen von Richtungen kann an sich selbst keinen positiven

Grund für die Nothwendigkeit der angenommenen Richtung der Resultante vorstellen, so lange man nicht den Gedanken schon festhält, irgend eine Richtung müsse nothwendig eingeschlagen werden, und sie könne mit keiner der beiden Componenten zusammenfallen. Dies ist es nun eben, was man aus Anschauung weiß; eine blos logische Zergliederung würde nur lehren: unter der Bedingung a bewegt sich das Element M nach der Richtung α, unter der Bedingung b nach β; wirken beide Bedingungen zugleich, so kann M sich weder nach α noch nach β bewegen, weil bei der Wahl jeder von beiden Richtungen die eine Bedingung wirkungslos würde; was würde also geschehen? Da beide Bedingungen gleichwerthig gedacht sind, so müßte entweder sowohl die eine als die andere wirkungslos werden und M in Ruhe bleiben, oder es müßten beide Bedingungen zu gleichem Maße befriedigt werden und unbefriedigt bleiben, f a l l s e s e i n e A r t u n d W e i s e g ä b e, wie dies geschehen könnte. Dies ist nun die Hauptsache: daß es eine solche Art und Weise gibt, und worin sie besteht, ist durch gar kein Mittel des Denkens ausfindig zu machen, dagegen liegt es ganz offenbar in der Anschauung des Raumes und des Zusammenhangs der in ihm möglichen Richtungen, sowie in der Anschauung der Bewegung vor; hier findet man, daß M beide Bedingungen zugleich voll befriedigen kann, wenn es sich so bewegt, daß es am Ende der Zeiteinheit t sich an dem Endpunkt der Diagonale des Parallelogramms befindet, an den es gekommen wäre, wenn es in zwei Zeiteinheiten t in beliebiger Reihenfolge erst den Weg α oder β ganz, dann den Weg β oder α auch ganz zurückgelegt hätte; daß endlich die Bahn, auf der es an diesen Punkt gelangt, eben diese Diagonale selbst ist, folgt dann daraus, daß für jeden kleinen Zeittheil dt ganz dieselbe Betrachtung gilt; die Diagonale ist der geometrische Ort aller der Orte, an welchen sich M nach dt, 2dt, 3dt u. s. f. befinden muß. Auch dieser mechanische Satz ist mithin ein synthetisches Urtheil, welches die Identität einer Aufgabe mit ihrer Auflösung durch unmittelbare Anschauung feststellt.

362. Ich muß mir hieran genügen lassen und benutze nur noch in anderer Absicht einen Blick auf den Fortgang der Mechanik. Während ihre Anfänge durch Einfachheit formelle Beweise unmöglich machen, werden ihre späteren Aufgaben so verwickelt, daß ihre Auflösungen, obgleich strenge Consequenzen jener Grundlagen, doch wegen der

Mannigfaltigkeit der im Auge zu behaltenden Beziehungspunkte sehr weitläufige Umwege der Abstraction und Rechnung nöthig machen. So zweifellos nun auch die so erhaltenen Resultate sind, so hat sich doch nirgends so lebhaft wie in dieser strengen Wissenschaft das Verlangen geregt, die gewonnenen Ergebnisse unabhängig von dem Gerüst des Calcüls auf einfache Gedanken zurückzuführen, die der Rechnung nur bedürfen, um auf die dem Maße nach bestimmten Bedingungen der Einzelfälle anwendbar zu werden. Ich erinnere nur an das Gaußische Princip des kleinsten Zwanges, das in größter Allgemeinheit das Gesetz aller Bewegung dahin ausspricht: ein System materieller wie auch immer unter einander verbundener Punkte, deren Bewegungen an was immer für äußere Beschränkungen gebunden sind, bewege sich in jedem Augenblicke in möglich größter Uebereinstimmung mit der freien Bewegung oder unter möglich kleinstem Zwange, indem man als Maß des Zwanges, den das ganze System in jedem Zeittheilchen leidet, die Summe der Producte aus dem Quadrate der Ablenkung jedes Punktes von seiner freien Bewegung in seine Masse betrachtet. Der zweite Theil dieses Satzes dient dazu, dem allgemeinen Gedanken, den der erste ausspricht, die mathematische Gestalt zu geben, durch welche für jeden Einzelfall der Sinn dessen, was er fordert, genau bestimmt und auf die gegebenen Maßverhältnisse anwendbar gemacht wird; in jenem ersten aber glauben wir nicht blos eine thatsächlich gültige allgemeine R e g e l, sondern die eigentliche ratio legis zu besitzen, aus welcher alle Einzelgesetze der verschiedenen Bewegungen fließen. Machen wir die Anwendung auf den einfachsten Fall der Resultante zweier Bewegungen, so haben wir 232 und ff. gesehen, daß man sich von verschiedenen Ausgangspunkten aus über sie Gewißheit verschaffen kann; aber die so versuchten Beweise dienen mehr oder weniger nur dazu, uns zum Glauben zu z w i n g e n; der Gedanke dagegen, daß die Bewegung in der Diagonale diejenige ist, durch welche beide Bewegungsantriebe vollständig befriedigt werden, und von beiden nichts verloren geht, erscheint uns, sobald wir ihn fassen und bestätigt finden, als ein Entscheidungsgrund von ganz anderem Werthe, als ein Princip, das durch seine sinnvolle Bedeutung den unmittelbaren Glauben erweckt, daß wir in ihm nicht blos eine der Regeln besitzen, nach denen der Zusammenhang der Ereignisse sich betrachten l ä ß t, sondern den höchsten Gesichtspunkt, nach dem er geordnet ist. Ich habe ausdrücklich hinzugefügt, daß wir die vorgängige Bestätigung eines solchen Satzes voraussetzen müssen; in der That, so überredend die Behauptung sein würde, der Conflict aller Bewegungen sei so geordnet, daß in dem Endergebniß nichts von dem beabsichtigten Effecte der Componenten verloren gehe, dennoch würde sie, ohne jene Bestätigung ausgesprochen, von sehr zweifelhafter Gültigkeit sein; sie würde einen Grundsatz vorstellen, nach welchem wir vielleicht die Welt ordnen würden, wenn dies unsere Aufgabe sein könnte, und vorausgesetzt, daß eine Möglichkeit vorhanden und von uns aufgefunden wäre, die allgemeine Forderung, die in diesem Grundsatze liegt, wirklich in jedem Einzelfalle zu erfüllen; daß aber die Welt des Wirklichen oder auch nur die des Denkbaren den Inhalt die Form und Fassung und den Zusammenhang ihrer Elemente besitzt, durch den es möglich wird, ihre einzelnen Vorgänge oder auch nur die einzelnen denknothwendigen Gesetze, die wir in abstracter Betrachtung gefunden haben, unter diesen gemeinsamen höchsten Gesichtspunkt zu vereinigen, dies lernen wir erst am Ende unseres Weges. Man weiß, wie oft in der Geschichte der Mechanik Versuche gemacht worden sind, das Ganze des physischen Weltlaufs an solche höchste philosophische Gesetze zu binden; von der beständigen Summe der Bewegungen in dem Weltall, von der Unverlierbarkeit der Kraft, von einem Principe der kleinsten Wirkung und der Sparsamkeit ist gesprochen worden; in allen diesen Versuchen lag nicht blos Sehnsucht nach einem selbstverständlichen Grundgedanken, aus dem die mathematisch bestimmbaren Einzelgesetze der Ereignisse flössen, vielmehr auch die Richtung, in der das Ersehnte zu suchen ist, verfehlten sie nicht ganz; aber es gelang nicht, scharf und rein die Beziehungspunkte ohne Ueberfluß und Mangel festzustellen, in Bezug auf welche ein so allgemeiner Gedanke sich auch ebenso allgemeingültig aussprechen ließ. Inwieweit jetzt Fortschritte hierin geschehen sind, habe ich nicht zu untersuchen; nur die Lebhaftigkeit des Verlangens wollte ich hervorheben, unsere Untersuchungen durch höchste Principien abschließen zu können, welche in der Form synthetischer Urtheile zwei Beziehungsglieder allgemeingültig und selbstverständlich verknüpfen, die durch kein Mittel logischer Beweisführung als analytisch oder identisch zusammengehörig nachweisbar sind.

363. Man pflegt sich über das letzte Ziel der Erkenntniß

anders auszudrücken; man verlangt Zurückführung aller synthetisch erscheinenden Verknüpfungen auf analytische, anstatt deren man übrigens richtiger identische fordern würde; man glaubt endlich auf dem Wege zur Erfüllung dieser Aufgabe zu sein. Am Anfange unserer Erkenntniß werde ein Begriff S zunächst aus den wenigen Merkmalen P Q R gebildet, die man verbunden bereits kennen gelernt habe; zeige dann neue Erfahrung mit ihm in einem Einzelfalle noch ein Merkmal Z verknüpft, so sei der Satz: S ist Z, der diese Wahrnehmung ausdrückt, ein synthetisches Urtheil; bestätige sich jedoch die neue Erfahrung allgemein, so werde Z nun mit in den Begriff S aufgenommen und der Satz: S ist Z sei nun, mit so verändertem S, analytisch geworden; eben dahin endlich gehe alle Anstrengung unserer Erkenntniß, anfänglich so synthetisch erscheinende Verbindungen auf diese analytische Form, Zusammensein also auf Zusammengehörigkeit zurückzuführen. Der Hergang unseres Erkennens ist hierdurch richtig geschildert; denn leider ist zuzugestehen, daß es selten weiter als bis zu diesem Ziele vordringt; aber bemerken muß man doch, daß die zuletzt gedachte Absicht nur in sehr bescheidenem Maße erreicht wird; in dem Sinne gar nicht, daß der frühere Schein eines bloßen Zusammenseins wirklich der Einsicht in eine selbstverständliche Zusammengehörigkeit wiche. Hätten wir den Begriff des Körpers zuerst nur aus den Merkmalen der Ausdehnung der Undurchdringlichkeit und des Trägheitswiderstandes gebildet, aus denen die Nothwendigkeit gegenseitiger Anziehung nicht folgt, so würde der Satz, der Körper sei schwer, ohne Zweifel synthetisch gewesen sein; aber er selbst wird auch dann nicht zu einem analytischen, wenn wir die allgemein beobachtete Gravitation mit in den Begriff des Körpers aufnehmen; nach wie vor bleibt diese aus jenen andern Merkmalen unableitbar, mit ihnen also doch ebenso synthetisch verbunden, wie in dem Urtheile, das diese Verbindung zuerst als eine bestehende Thatsache aussprach. Allerdings, nachdem wir diese synthetische Verknüpfung aller Merkmale des S einmal als gegeben betrachten, können wir auf sie ein analytisches Verfahren anwenden und eines derselben nach dem andern zum Gegenstand gesonderter Betrachtung hervorheben; aber nur ein Verzicht auf Erkenntniß liegt in dieser Anerkennung eines nur thatsächlich allgemeinen Zusammenseins, dessen Zusammengehörigkeit wir nicht begreifen; befriedigt könnten wir nur sein, wenn die Verknüpfung je zweier Merkmale von S uns die Nothwendigkeit der Gegenwart je eines dritten verbürgte. Solche Beweise können wir in einiger Ausdehnung führen, und überall, wo sie gelingen, bezeichnen sie einen erreichten Fortschritt der Erkenntniß; aber es ist klar, daß sie nicht gelingen können, ohne zuletzt irgendwo eine Prämisse von der Form $A + B = C$ vorauszusetzen, d. h. eine solche, die nicht nach dem nackten Princip der Identität Gleiches einander gleich setzt, sondern ohne Möglichkeit der Zurückführung auf dieses Princip die Gleichheit des Verschiedenen behauptet. Die angebliche Umwandlung aller synthetischen Erkenntniß in analytische läuft daher in der That doch auf die Aufsuchung der einfachsten synthetischen Wahrheiten hinaus.

364. Dies wird man nun, wenn auch vielleicht als eine unnöthig veränderte Ausdrucksweise, zuletzt doch zugestehen; aber man wird daran die Betrachtung knüpfen, eben diese Nothwendigkeit, synthetische Verbindungen als gegeben zuzugestehen, beweise die Unfähigkeit der Erkenntniß, wirklich zu Ende zu kommen und die Zusammengehörigkeit des Zusammenseienden einzusehen; überall bleibe ein Rest des Thatsächlichen, dessen innerer Zusammenhang unverständlich sei und nur durch die Erfahrung verbürgt werde. Ich kann dieser Meinung nicht beipflichten, die Verständniß nur da erreicht zu haben glaubt, wo sie Gleiches einander gleichsetzen kann. Denn daß nun $A = A$ sei, worauf beruht es denn, daß wir diesen Satz unbeanstandet als eine *verständliche* Wahrheit betrachten, wenn nicht auf der unmittelbaren Evidenz, mit welcher er sich uns aufdrängt und keine weitere Vermittlung seiner Gewißheit wünschenswerth macht? Wie es aber zugehe, wie es gemacht werde oder aus welchem inwendigen Zusammenhange es folge, daß A sich selbst gleich sei, wissen wir weder, noch wird Jemand glauben, daß eine solche Frage überhaupt noch Sinn habe. Wenn nun mit gleicher Evidenz sich uns ein einfachster synthetischer Satz von der Form $A + B = C$ darbietet, warum soll hier diese Frage aufgeworfen werden, die dort ohne Bedeutung war? und warum soll diese Gleichung erst mit Hülfe irgend einer Vermittlung gelten, die uns zeigte, *wie* C dem $A + B$ gleich sein könnte, da es doch vorhin als hinreichend zum Verständniß galt, zu wissen, *daß* $A = A$ sei? Ich will nicht weiter wiederholen, daß in unserem Denken keine solche Vermittlung von dem bloßen Satz der Identität, daß jede vielmehr von einem analogen Satze $A^1 + B^1 = C^1$

beginnen müßte; denn hiermit würde ich freilich der Klage über die Unvollkommenheit der Erkenntniß nicht begegnen, die zu keinem selbstverständlichen höchsten Princip gelangen könne; wie aber verhält es sich damit, daß wir irgend eine synthetische Verknüpfung dieser Art als gegeben, als gültig und nur für unser Verständniß undurchdringlich ansehen sollen? Wollen wir annehmen, daß thatsächlich in der Wirklichkeit M und N immer verbunden sind, ohne doch einander etwas anzugehen? Wenn aber zugleich dies unmöglich ist, zugleich auch unmöglich, daß aus einem identischen A Unterschiede M und N entspringen, was bleibt dann übrig, als der Gedanke, daß es sachlich ursprüngliche Zusammengehörigkeiten des Verschiedenen gibt, ursprüngliche Synthesen, deren Beziehungsglieder durch keine Zwischenvermittlung zusammenhängen, welche ihre Vereinigung als noch so entfernte Folgen des Identitätsgesetzes erscheinen ließe, und die dennoch unmittelbar zusammengehören? Wenn nun dies im Sein sich so verhalten muß, wie könnte das Erkennen genöthigt sein, sich die Gewißheit und das Verständniß eines Zusammenhanges durch eine weitere Vermittlung zu verschaffen, die in dem Zusammenhange selbst nicht vorhanden ist? Gewiß kann es daher letzte und einfachste synthetische Wahrheiten geben, die, rein aufgefaßt, nicht blos thatsächlich gelten, sondern auch selbstverständlich, deren Evidenz aber, wenn man alles Logische auf den Satz der Identität gründen will, nicht mehr eine logische, sondern eher eine ästhetische zu nennen ist, und demgemäß nicht an der Denkunmöglichkeit, sondern an der evidenten Absurdität ihres contradictorischen Gegentheils ihren Prüfstein hat. Zu diesen Wahrheiten gehören die einfachsten mechanischen Grundsätze; daß wir sie und alle ihres Gleichen nicht als die frühesten, stets besessenen Bestandtheile unserer Erkenntniß, sondern als die mühsam zu erringenden Endergebnisse derselben betrachten, ist zu deutlich schon oben ausgesprochen worden, um hier wiederholt werden zu müssen.

365. Von einzelnen Untersuchungen ausgehend finden wir zuerst einzelne solche Wahrheiten, jede für sich evident und der Anlehnung an andere unbedürftig; nichts hindert jedoch, sie alle, als zu derselben Welt gehörig, unter einander in Verbindung zu bringen und für sie einen höchsten vereinigenden Gesichtspunkt ebenso zu suchen, wie jede

von ihnen für einen Kreis zusammengehöriger Thatsachen ihn darbot. Es kann sein, daß dann manche dieser Wahrheiten ihren selbständigen Werth verliert, und in der That noch durch logische Mittel als Sonderfall einer allgemeineren nachweisbar wird, zu deren Ausdruck man Begriffe von hinlänglich umfassender Höhe der Abstraction gefunden hat; es ist ebenso möglich und wahrscheinlicher, daß die vielen sich als zusammengehörige Elemente in die Einheit eines Grundgedankens nur mit derselben Evidenz ästhetischer Gerechtigkeit einordnen lassen, mit welcher jede einzelne die Bestandtheile ihrer Aussage logisch unbeweisbar zusammenfaßte. Diese Aufgabe synthetischer und dennoch nothwendiger Entwicklung synthetischer Wahrheiten aus einem höchsten Princip ist vielleicht schon in noch unbestimmter Ahnung die Aufgabe Platonischer Dialektik gewesen; mit Recht kann man sie für das Ziel halten, dem Hegel's Erneuerung dieser antiken Bestrebung galt. Ueber diese Versuche, welche Deutschland einst begeisterten, ist die Gegenwart sehr nüchtern zur Tagesordnung übergegangen, zu der unablässigen empirischen Forschung, deren Unvollkommenheit den gewagten Flug dieses Idealismus lähmte; auch hatte er darin ohne Zweifel Unrecht, für vollendet und vollendbar anzusehen, was wir nur als das letzte Ziel einer der Vollendung sich nähernden Erkenntniß betrachten können. Aber im Angesicht der allgemeinen Vergötterung, die man jetzt der Erfahrung um so wohlfeiler und sicherer erweist, je weniger es noch Jemanden gibt, der ihre Wichtigkeit und Unentbehrlichkeit nicht begriffe, im Angesicht dieser Thatsache will ich wenigstens mit dem Bekenntniß, daß ich eben jene vielgeschmähte Form der speculativen Anschauung für das höchste und nicht schlechthin unerreichbare Ziel der Wissenschaft halte, und mit der Hoffnung schließen, daß mit mehr Maß und Zurückhaltung, aber mit gleicher Begeisterung sich doch die deutsche Philosophie zu dem Versuche immer wiedererheben werde, den Weltlauf zu verstehen und ihn nicht blos zu berechnen.

ANMERKUNGEN DES HERAUSGEBERS

Die Seitenzahlen beziehen sich auf die im Kolumnentitel außenstehende Originalpaginierung. Die zugehörigen Stellen im Text sind am Rande durch * gekennzeichnet.

S. 519: Gemeint ist der Hegelianismus.

S. 541: Vgl. § 200. Dieser Paragraph enthält außer Lotzes Beschreibung seines Evidenzkriteriums auch dessen Auffassung vom Beweis. Der vollständige Text sei deshalb hier beigegeben:

200. Jeder Beweis ist ein Schluß oder eine Schlußkette, welche zu dem gegebenen Satz T die Prämissen ergänzt, aus deren Ineinandergreifen T als denknothwendige Folgerung hervorgeht. Die Gültigkeit jeder Folgerung aber hängt ab von der Gültigkeit ihrer Prämissen; auch diese würde sich durch neue Beweise feststellen lassen, nur würde dies Verfahren sich fruchtlos ins Unendliche fortsetzen, wenn es nicht irgend eine Anzahl allgemeiner Sätze gäbe, deren Gültigkeit für uns unmittelbar feststeht, die daher eines Beweises weder bedürftig noch fähig sind, vielmehr selbst die letzten Entscheidungsgründe bilden, nach denen sich Triftigkeit oder Untriftigkeit jeder einzelnen Folgerung aus ihren Prämissen beurtheilen läßt. Ich erörtere hier noch nicht die Frage, woher unserem Denken der Besitz so unmittelbar gewisser Wahrheiten kommen mag; nur die Frage nach dem Kennzeichen geht uns hier an, das uns berechtigt, einen Satz T zu der Reihe dieser Axiome zu rechnen, deren Zugeständniß man von jedem gesunden Denken glaubt fordern zu können. Nun ist begreiflich, daß dies Kennzeichen, eben weil jeder Beweis eines Axioms unmöglich ist, zuletzt nur in der Evidenz, in der unmittelbaren Klarheit und Gewißheit bestehen kann, mit welcher der Inhalt eines allgemeinen Satzes sich uns als denknothwendig aufdrängt; und in der That ist man hierauf immer zurückgekommen. Vielfältige Erfahrung lehrt uns jedoch, daß Sätze, deren Unrichtigkeit spätere Zeiten nachwiesen, für frühere die größte Evidenz und Ueberzeugungskraft besessen haben; Verhältnisse, die wir in dem beschränkten Beobachtungskreise, in welchen wir eingeschlossen sind, beharrlich bestehen oder wiederkehren sehen, ohne daß eine Erfahrung des Gegentheils uns an ihnen irre macht, nehmen sehr allgemein für uns den Schein der Denknothwendigkeit an. Es gibt nur ein

Mittel, diese falsche Evidenz der Vorurtheile von der echten wahrhafter Axiome zu unterscheiden: man muß versuchen, ob das contradictorische Gegentheil des fraglichen Satzes T ebenso undenkbar ist, als T selbst uns denknothwendig scheint. Diese Probe wird oft völlig entscheidend sein; zu unserer Verwunderung werden wir häufig finden, daß der Versuch, S und P in der entgegengesetzen Weise von derjenigen zu verbinden, welche der gegebene Satz T behauptete, zu gar keinem inneren Widerspruch im Denken führt. Dann wird T kein Axiom sein, sondern entweder überhaupt ein Irrthum, oder eine Wahrheit von nur particularer Geltung, oder eine allgemeine zwar, aber eine solche, die eines Beweises bedürftig ist. Im anderen Falle, wenn das contradictorische Non-T ebenso undenkbar scheint, wie T denknothwendig, werden wir mit um so größerem Vertrauen T als unmittelbares Axiom betrachten; vollständige Sicherheit indessen gewährt dann die Probe nicht, denn nichts hindert, daß die Undenkbarkeit von Non-T auf ebenso falscher Evidenz beruhe, wie die scheinbare Denknothwendigkeit von T. Fände dieser doppelte gleichzeitige Irrthum statt, so würde es kein kurzes logisches Mittel zu seiner Entdeckung geben; nur das Gewahrwerden der Widersprüche, welche die Erfahrung gegen die angenommene Gültigkeit von T erhebt, und eine langsame vielseitige Umformung unseres Gedankensystems auf Veranlassung dieser Widersprüche könnte allmählich die Verbesserung unseres Fehlers herbeiführen. Grundsätze blos theoretischer Erkenntniß werden selten von diesem Doppelirrthum behaftet sein, öfter die, welche unserer ethischen Beurtheilung zu Grunde liegen, und die man wohl den echten oder scheinbaren Axiomen zurechnen darf, obgleich sie nicht eigentlich denknothwendig, sondern nur selbstverständlich und ihre Gegentheile nicht undenkbar, sondern nur absurd erscheinen. Daß man den Feinden schaden müsse, galt im Alterthum lange und allgemein als selbstverständlich und das Gegentheil für absurd; solche Irrthümer kann am meisten nur die langsame Umstimmung der Gewohnheiten des Gemüthes beseitigen.

S. 587: Vgl. § 58.

S. 591: Vgl. § 200 (Text in der Anmerkung zu S. 541) und § 331.

REGISTER

Die folgenden Register erfassen ausschließlich den Text Lotzes. Die Orthographie ist (abweichend vom Text selbst) modernisiert wiedergegeben. Alle Zahlenangaben beziehen sich auf die Paragraphen- und nicht auf die Seitenzählung. Das Sachregister ist ein Stichwortregister. Nicht im Text vorkommende erläuternde Zusätze stehen in eckigen Klammern. Kommata in Verweisen (s. = siehe oder s. a. = siehe auch) trennen Oberstichwörter von Unterstichwörtern. Semikola trennen selbständige Stichwörter.

Namenregister

Sachregister